STEM教育百问百答

李珂◎编著

山东城市出版传媒集团·济南出版社

图书在版编目（CIP）数据

STEM 教育百问百答 / 李珂编著 . — 济南 ：济南出版社，2022.10

ISBN 978-7-5488-5063-2

Ⅰ . ① S… Ⅱ . ①李… Ⅲ . ①科学教育学 - 问题解答 Ⅳ . ① G40-05

中国版本图书馆 CIP 数据核字 (2022) 第 194199 号

出 版 人　田俊林
图书策划　史　晓
责任编辑　陈　新
特约编辑　孙春艳　刁彦如　杨中牧
封面设计　谭　正
版式设计　张晓青

出版发行　济南出版社
地　　址　山东省济南市二环南路 1 号（250002）
印　　刷　济南新科印务有限公司
版　　次　2022 年 10 月第 1 版
印　　次　2022 年 11 月第 1 次印刷
成品尺寸　148mm × 210mm　32 开
印　　张　5
字　　数　96 千
定　　价　49.80 元

（济南版图书，如有印装错误，请与出版社联系调换。联系电话：0531-86131736）

序

我们正处在百年未遇之大变局的时代。一方面，国际竞争日趋激烈，带来的是科技竞争和人才竞争，为此，很多国家都把STEM教育提高到国家安全的战略高度给予重视；另一方面，技术发展日新月异，随之而来的是生产方式和生活方式的变化，新的产业形态与生产方式对未来人的能力提出了新的要求。为了应对这些新挑战，国际组织纷纷发布了关于未来教育的报告，这些报告都谈到未来教育的目标变了，更加强调人的发展，强调素养的培养，强调教育对个体和社会福祉的作用。我国最近也发布了新课标，新课标最大的变化是强调了以素养为导向的教育模式，教学要求从三维目标走向核心素养；在学科教学中加入了学科实践，另外还重视跨学科的教育。之所以发生这样的转变，是因为关于认知科学的研究表明，在真实的情境中，通过真实的任务学习是最有效的。因此，项目式学习日益受到重视，在新课标的落实过程中学科内项目式学习与跨学科项目式学习都是当前教师面临的新挑战。STEM教育是一种跨学科融合的项目式学习，对于落实新课标具有特别重要的意义。

关于STEM教育方面的图书出版了很多，当看到这本《STEM教育百问百答》时，我还是眼前一亮。这是一本很特别的图书，把STEM教育的理论与实践通过问答的形式呈现出来，让读者对 STEM 教育有最简洁、最清晰的认识。这本书既回答了 STEM 教育理论方面的问题，比如 STEM 教育的本质、特征、素养等；也包含了课程设计方面的问题，比如STEM课程设计目标、原则、与学科的关系，如何选择主题等。此外，对教师在 STEM 教学中会面临的常见问题，如 STEM 教学模式、教学策略、教学评价，项目式学习的特点、流程、类别等，这本书都一一给予了解答。这些内容对教师来讲非常实用。这本书文字简洁精炼，读者可以将其作为一本工具书，哪里不会看哪里，这非常契合现代人用碎片化时间读书学习的方式。期待这本书能够成为教师开展 STEM 教育的好帮手。

王素

（王素系中国教育科学研究院 STEM 教育研究中心主任、研究员）

目 录

思想理念篇

课程建设篇

教学实施篇

政策支持篇

环球视野篇

思想理念篇 ▶

1 什么是 STEM 教育？

STEM 是科学（Science）、技术（Technology）、工程（Engineering）和数学（Mathematics）四门学科英文首字母的缩写。其中，科学为技术的发明和运用提供依据，注重知识的运用；技术是对科学知识和科学方法的运用，是科学的具体化；工程是应用科学和数学知识、运用技术产出成品的过程；数学则是掌握科学、技术和工程设计的工具，无论科学、技术还是工程都离不开数学。

STEM 教育是以科学、技术、工程与数学等 STEM 学科为基础，引导学生整合不同学科的知识，运用跨学科思维解决现实生活中的实际问题。可以说，STEM 教育是 STEM 理念在教育中的反映，体现了“注重知识的应用价值”和“整合集成”的教育理念。

与传统教学侧重于知识学习相比，STEM 教育更注重学生能力的培养。STEM 教育将学生学到的零散知识形成一个互相联系的统一整体，从而消除了传统教学中各学科知识割裂、不利于学生解决实际问题的壁垒。

STEM 教育最核心的特征是跨学科，它不是将科学、技术、工程和数学四门学科进行简单的叠加，而是使它们相互融合，形成一个有机整体，让学生在解决实际问题的过程中获得新知识、技能和多方面的能力。它强调多学科的交叉融合，关注不同学科知识间的联系，其宗旨是提升学生解决实际问题的综合能力和跨学科的思维能力。

2 STEM 教育兴起的标志是什么?

STEM 教育起源于美国。1986 年，美国国家科学委员会发布《本科的科学、数学和工程教育》报告，也称《尼尔报告》。该报告首次明确提出科学、数学和工程教育的纲领性建议，是美国第一个关于 STEM 教育的政策指导文件，被视为 STEM 教育兴起的标志。

该报告肯定了科学、数学和工程(SME)教育的突出地位，建议美国调动各类资源投入该领域的教育，并对 STEM 教育的发展提出了指导性意见，包括加大投资力度、加强宣传力度、加强各机构之间合作等。报告指导了美国国家科学基金会（NSF）此后数十年对美国教育改革政策和财力的支持。

“STEM”一词由美国国家科学委员会教育和人力资

源部前主任 Judith Ramaley 在 2001 年第一次使用。他把 STEM 教育定义为：教育探究及学习是被安排在情境中的，学生们解决真实世界的问题并为自己创造机会。它是学生把学习到的各科知识转变为探究世界相互联系的不同侧面的综合能力。

3 STEM 中四个学科各自的作用是什么？

在 STEM 的四个学科中，科学在于认识世界，解释自然界的客观规律；技术和工程是在尊重自然规律的基础上改造世界，解决社会发展过程中遇到的难题；数学则作为技术与工程学科的基础工具。

通俗地讲，科学研究“发现的世界”，工程研究“造物的世界”；科学包含科学方法（提出假设并进行验证的过程），工程包含创造和革新方法。而且，这两者与技术和数学的关系是动态的、紧密联系的，并随着时间的推移而不断变化。数学技能对科学家和工程师来说是必要的，科学和工程的进步又能够促进新的数学方法的发展。

这四者在STEM教育中有着不同的侧重：科学注重知识运用，技术注重改造创新，工程注重项目设计与开发，数学注重分析推理。它们综合到一起，就是一种典型的理工科思维方式，即通过理工科的意识、思维和能力为培养创新型人才奠定基础。

4 STEM教育的本质是什么？

STEM教育的本质不是增加一个或开设新的学科，而是跨学科的整合，是于众多孤立的学科中构建一座链接、融通的桥梁。在单一学科基础核心认知的前提下，通过整体把握，提升融合科学、技术、工程和数学四门学科的能力，以整合的教学方式使学生掌握知识技能，将零碎的知识孤岛连接成互相沟通的大陆，以使学生通过迁移，灵活应用所学知识解决真实世界的问题，从而为学生提供整体认识世界并创新世界的机会。

5 STEM 教育的关键词是什么?

从总体来说，STEM 教育的关键词是基于真实问题和跨学科教学。其中，体现 STEM 特征的有跨学科、真实情境、方案设计（头脑风暴）、动手实践、团队合作、工程设计、科学探究等；体现 STEM 教学要素的有目标落实、核心问题、学习基础、表现性评价、教学资源、反思共享等。

6 STEM 教育具有哪些特征?

（1）跨学科性。跨学科性是 STEM 教育的核心特征。真实世界中复杂问题的解决往往需要多个学科知识的综合运用。STEM 教育区别于传统教育的学习方式，强调在真实的问题情境下，利用科学、技术、工程、数学等多学科相互关联的概念知识解决问题，实现从跨学科知识综合应用的角度获得知识和技能，提高解决问题、探究和创造的能力。

（2）情境性。STEM 教育具有情境性的特征，强调将知识应用于生活，解决生活中真实存在的问题。现实世界中的诸多问题都可以成为STEM教育的素材。学生在真实的情境中应用知识，并能理解和辨识不同情境中知识的表现形式，在问题的解决中习得新知识，获得各项生活技能。

（3）实践性。STEM教育强调实践性，注重课程内容与社会实践的紧密联系，为学生提供“动手做”的学习体验，旨在让学生在实践中综合运用跨学科知识，开展探究性学习，获得解决实际问题的能力，体验知识应用于生活的快乐。

（4）协作性。STEM教育多以项目式学习的形式开展，而一个完整的项目很难由一个学生独立完成，学生要寻求与其他同学的合作，通过建立小组进行协作学习，共同完成对问题任务的探究和对知识的建构。此过程能培养学生的团队协作能力和沟通交流能力。

7 STEM教育的目标是什么？

STEM教育的基本目标是培养学生的STEM素养。STEM素养既包含这四门学科的基本素养（即科学素养、技术素养、工程素养和数学素养），又包含在运用这四门学科知识解决实际问题的过程中所获得的综合素养。

STEM 教育的核心目标是推进跨学科知识的融合，在帮助学生打好扎实的科学、技术、工程和数学知识的基础上，培养学生的创新精神与实践能力，促进创新型人才的成长。

8 STEM 教育重在培养学生的什么能力？

跨学科实践创新能力和问题解决能力是 21 世纪学生应具备的重要能力。STEM 教育注重过程和实践，强调以项目或问题为驱动，让学生通过合作探究与自主学习相结合的方式完成项目或解决问题。这是培养学生跨学科实践创新能力和问题解决能力的一种重要方式。STEM 教育的本质是在众多孤立的学科中建立一个新的桥梁来为学生提供整体认识世界的机会。培养学生综合解决问题的能力是 STEM 教育最重要的目标。

学生是否具备知识迁移能力也是学习效果的一个重要指标。STEM 强调在跨学科整合的基础上通过团队协作来解决实际问题，以此培养学生的批判性思维、探究思维、创新思维、科学思维、工程思维、计算思维等高阶思维，促进学生知识迁移能力的养成，使学生能高效地把知识迁移到其他领域或未来的活动中。

9 STEM 教育可提升学生的哪些学科基础知能？

STEM 教育可提升学生在 STEM 相关领域中的基础知识、技能和方法等，即学科基础知能。STEM 学科基础知能包括科学、技术、工程、数学学科领域内的基本知识、基本技能和基本方法，或与 STEM 主题相关的其他领域的知识、技能和方法。

具体来说，STEM 基础知识主要指 STEM 领域的基本知识与原理，如数学、物理、科学、生物、工程、环境、信息等领域的基本知识与原理；STEM 基本技能主要指口头表达能力、实验操作能力、动手实践能力、信息搜集能力、数据利用能力、写作能力、时间管理能力等；STEM 基本方法指 STEM 学习和实践中常用的方法，如科学实验法、科学观察法、社会调查法、定量分析法、定性分析法等。

10 什么是 STEM 素养?

STEM素养(STEM Literacy)是个体综合运用数学、科学、技术、工程和计算机等STEM学科相关知识、技能、方法、情感、态度和价值观，创造性地解决复杂问题的综合能力。STEM 教育的核心目标是发展学生的 STEM 素养。

STEM 素养侧重于科学、技术、工程、数学等各个学科相关内涵的深度整合，强调通过 STEM 学科知识、技能、方法的融合，使学生能够具备解决实际问题的能力，以及将所学的知识与技能转化为探索现实世界的能力。STEM 素养既不单指各方面的知识，也不单指创新能力或解决实际问题的能力，而是知识、技能、能力、情感等诸多因素的综合。

11 STEM 素养作为一种综合性素养，其综合性体现在哪些方面?

STEM 素养既包括相关学科或领域的基本知识和基本技能，科学素养、数学素养、工程素养、技术素养等学科核心素养，又包括跨学科思维、批判性思维、创造性思维、科学思维、计算思维、工程思维、设计思维、量化思维等思维方式，问题解决能力、探究能力、创新能力、深度学习能力、写作能力、创造性思维能力（包括观察能力、实践能力、思维能力、整合能力、沟通交流能力等综合能力），以及团队协作能力、信息技术处理能力、数字素养、创新精神、合作精神等 21 世纪综合素养。

在内容上，STEM 是科学、技术、工程和数学四门学科的综合。这种综合不是简单的集合和拼凑，而是围绕一个问题或项目，运用多学科知识解决问题，因此是一种综合性的项目学习。在这种综合性的项目学习中，通过跨学科知识的运用，逐渐形成学生的 STEM 素养。其中，科学是根基，技术和工程分别是科学和技术的运用，数学则作为工具运用在科学、技术和工程之中。所以说，STEM 素养是综合运用科学、技术、工程和数学领域的知识解决实际问题的能力。

在形式上，STEM 是知识、方法、技能、能力、态度等多元素的综合。没有以科学知识为基础就不会有技术的创新，而没有态度和情感的引导，技术的创新就会缺少创新的动力和创新的价值。所以，STEM 素养既不单指知识，也不单指创新能力，而是知识、技能、能力、情感等诸多因素的综合。

12 STEM 教育中各学科素养分别指什么？

（1）科学素养。科学素养是一种运用科学知识和实践（如物理、化学和生物科学）理解自然界并参与影响自然界的有关决策的能力，主要有三大领域，即生命与卫生科学、地球与环境科学、技术科学。科学素养包括认识科学的能力、运用科学的能力、进行科学探究的能力和应用科学技术的能力。

（2）技术素养。技术素养指使用、管理、理解与评价技术的能力。STEM 教育不仅要求学生会使用技术，了解技术的发展过程，具备分析新技术如何影响自己、国家乃至整个世界的能力，还要发展技术思维，使学生能够在特定的情境下选择适当的技术，创造性地解决问题，不断深化学习能力。

（3）工程素养。工程素养是指对技术的工程设计与开发过程的理解。工程课程基于项目整合多门学科的知识，使难以理解的概念与学生的生活紧密相连，激发学生解决问题的兴趣。工程设计是把科学与数学原理系统地、创造性地应用于实践的结果。

（4）数学素养。数学素养指学生在发现、表达、解释和解决多种情境下的数学问题时进行分析、推断和有效交流的能力。数学素养不是简单的数学计算，而是经过长期、反复的检验和积累，将数学知识、数学运算内化为经验与思维的过程。STEM 教育为数学知识的运用提供了真实情境，可促进数学思维的形成及数学素养的培养。

13 STEM 有很多不同的扩展，常见的有哪些？

STEM 教育这一概念被提出后，在发展中不断地衍生出许多教育理念，形成了不同的扩展。STEM 不同的扩展反映了各国和机构对 STEM 的不同理解与需求，因此会在“STEM”的大框架下，根据需要不断地调整内容和含义。常见的扩展如下：

STEAM：科学、技术、工程、艺术、数学

STM：科学、技术、数学（或科学、技术、医学）

ESTEM：环境、科学、技术、工程、数学

STEMM：科学、技术、工程、数学、医学

STREM：科学、技术、机器人、工程、数学

STREM：科学、技术、机器人、工程、多媒体

STREM：科学、技术、阅读、工程、数学

GEMS：女子工程、数学、科学（用于鼓励女性进入这些科学领域）

BEMS：男子工程、数学、科学（用于鼓励男性进入这些科学领域）

14 什么是 STEAM 教育？

美国学者格雷特·亚克门（Georgette Yakman）首次在其论文中将艺术（Arts）融入 STEM，提出了 STEAM 教育。

STEAM 教育是 STEM 教育的所有扩展形式中最常被使用的一种，两者在教育理念与目标上并无本质上的差异。STEAM 教育中的“A”不仅指艺术，还包括人文、语言、文化等人文领域。将艺术融入科学、技术、工程和数学教育中的 STEAM 教育，能够促使学生从更广泛的视角认识不同学科之间的联系。科学帮助学生认识世界，工程与技术帮助学生根据社会需求改造世界，数学为学生提供思维方法和分析工具，艺术则能够激发学生对科技的热爱和兴趣，引导学生

形成正确的科技使用观。

STEM 因培养科技人才、应对国际科技竞争而兴起，最初指向理工科复合型人才的培养，强调科学与工程等领域内部的融合，偏重知识应用及现实问题的解决。而 STEAM 教育则更多地指向更为完整的人的综合素养的培养，强调科学与人文领域的融合渗透。STEAM 教育不仅关注科学认知、思维能力和动手能力，还关注艺术与人文素养的养成，实现了艺术与科学、技术的深度融合。

无论 STEM 还是 STEAM，本质上都是为了解决“重知识、轻技能”这一教育现象，都强调跨学科知识的掌握、技能的学习和能力的培养。

15 什么是跨学科思维？

跨学科思维是一种高阶整合思维，是能够灵活整合不同学科知识的能力，是以相互关联的、多学科的方式思考问题的能力。它通过共通、互补、融合、迁移等方式实现学科知识的整合，从而实现对真实问题的解决。

受单一学科教学的影响，学生通常都会在特定学科范围内思考问题，思维受到限制。但是现实世界的问题一般都比较复杂，问题的整体性和复杂性往往需要学生以跨学科思维来思考和考量，需要学生以跨学科的方式将各学科知识进行融合和渗透，从而把握问题的本质和要点，实现问题的解决。

要培养学生的跨学科思维，就需要为学生提供跨学科学习的情境，让学生学会从跨学科的角度，在不同学科知识和方法的整合中解决问题，习得相关的知识和技能。

STEM 教育跨学科融合的特点，决定了 STEM 教育是以基于问题或项目的跨学科学习方法来培养学生的跨学科思维，促进学生跨学科思维的发展。在基于问题或项目的 STEM 学习活动中，学生能够积极主动地运用相关学科领域的知识和技能，在解决问题的过程中建构自己独特的知识体系，促成跨学科思维的培育和整体性人格的培养。

16 什么是批判性思维?

批判性思维是对于信息反思、质疑的态度和反思时能够对信息进行辨别、分析、判断和做出决策的能力，以确认问题、接受问题、辨析问题为目的，强调对现实的反思和再认识。能够提出问题并且善于提出问题是批判性思维的起点。

批判性思维是一种思维技能，一种思维心态或思维习惯，是思维发展的成熟阶段。批判性思维能力不是指学科知识，而是超越学科，或者说是适用于所有学科的一种思维能力，也称为可迁徙能力。

批判性思维是能够被训练和测试的。在教学中，学生的批判性思维表现在能够积极地思考问题，理性探究并分析问题，对于不同的观点，可以通过分析、取证、推理等方式判断哪一种更为合理，最终在有一定客观依据的基础之上，使用恰当的评价标准提出自己的见解。

“提出质疑”是批判性思维的一个重要环节，它表明学生能用批判的眼光看待问题，善于思考问题，具备了理性思考的能力。批判性思维能让学生形成自己的观点，对知识的理解不再局限于课本与教师的教导，而是通过自己的思考和不断试错，得到适合自己的正确答案，从而加深对知识的巩固。

17 什么是创造性思维?

创造性思维以感知、记忆、思考、联想、理解等能力为基础，以综合性、探索性和求新性为主要特征，是兼具理论开拓性和实践导向性的思维形式。

创造性思维的核心是发散性思维，其解决问题的方法不是单一的，而是能够根据已有信息，从不同角度、不同方向思考，在多种方案、多种途径中去探索、选择、寻求多样性的答案。这种思维方式能让学生在遇到问题时，从多角度、多侧面、多层次、多结构去思考和寻找答案，既不受现有知识的限制，也不受传统方法的束缚。

创造性思维具有广阔性、深刻性、独特性、批判性、敏捷性和灵活性等特点。STEM 教育应以培养学生的探究和创新能力为主导，教会学生如何思考、学习、提问、创造和分享，引导他们主动发现问题、定义问题、解决问题。通过这个过程来锻炼学生的主动性、发现和理解问题的能力、创新能力、动手能力、整合能力和沟通能力等。

18 什么是科学思维？

科学思维是指为了正确认识客观世界、探索和发现事物的本质与规律，以建构科学知识体系为核心的认知性思维，是连接实践与理论的桥梁。

科学思维来源于客观现实，是人脑对客观现实的正确反映。科学思维能够指导人们正确揭示事物的本质和规律，解决各种问题。科学思维亦是一种前瞻思维，能够基于现实，根据事物发展的内在规律，有效预测其未来的发展走向。

一般说来，科学思维具有客观性、精确性、可检验性、预见性和普适性的特点。科学思维必须面向事实，追求真实，讲求实证，其本质特点是正确性。如果不能正确地运用概念、判断进行推理，不能运用科学的思维方法，而且思维的结果往往是错误的，这就不是科学思维。所以，科学思维重在培养学生的客观性、求真性和严谨性，要求学生思维要正确，能正确地应用逻辑规则进行推理活动，进而形成正确的结果。

科学思维是每一个职业的从业人员都应该具备的基本素养，是正确地认识世界所必需的基本思维方式。科学的思维方式并不能保证思考的结果一定是正确的，但是一切正确的思想一定依赖于科学的思维方式。

19 什么是计算思维?

计算机科学家周以真教授认为，“计算思维是运用计算机科学的基础概念进行问题求解、系统设计以及人类行为理解等涵盖计算机科学之广度的一系列思维活动”。

计算思维是应用“计算机科学解决问题最本质的方法”，包括逻辑思维、算法思维、网络思维、系统思维和数据思维。运用计算思维可提升学生的数据获取和处理能力，数据分析和可视化能力，仿真和建模能力，算法设计、使用及程序实现能力等。除此之外，还可以应用已有的计算手段进行学科研究和创新。

计算思维本质上源自数学思维，是数学和工程思维的互补与融合。科学与工程计算能力培养的核心是计算思维能力的培养。计算思维与其他学科思维相互融合，对于其他专业创造性思维的形成和创新能力的提升有显著作用。

无论是 STEM 教育，还是少儿编程教学体系，计算思维都是极其突出的核心素养之一，最能体现信息技术的学科价值。计算思维与我们的工作和生活密切相关，应成为人类不可或缺的一种生存能力，是每个人的基本技能。

20 什么是设计思维?

设计思维是一种以人为本的解决复杂问题的创新方法，是一种创新方法论，更是一种解决问题的路径，用于为寻求未来改进结果的问题或事件提供实用和富有创造性的解决方案。

设计思维是以解决方案为导向的思维形式，它不是从某个问题入手，而是从要达成的目标或取得的成果着手，通过对当前和未来的关注，探索问题中的各项参数变量及解决方案。

设计思维是被广泛采用的、培养创新思维的高效手段。为了适应技术与教学的融合式创新，教师不仅需要整合应用技术的信息化教学能力，更需要指向解决复杂教学问题的设计思维。

在 STEM 教学中，教师只有具备设计思维，才能更好地设计课程与教学，也才能更好地培养学生的设计思维，进而提升学生解决问题、合作学习和知识建构的能力。

21 什么是工程思维?

工程思维是以价值为导向的建构性的造物思维，是一种倾向性思维，其最基本的特征就是思维的“整体性”，是方式方法和大工程意识等因素的综合作用。工程思维以解决具体问题为目标，主要解决“如何做”的问题，目的性明确，能为工程实践提供更好的解决方案。

工程思维具有三个基本特征：在没有结构的情况下“预见”结构的能力；熟练地在约束条件下进行设计；经过深思熟虑后对解决方案和备选方案做出决断的能力。

工程思维必须遵循一定的技术规则和要求，围绕技术规范来进行，有一定的精确性与严谨性。工程思维以满足人们生存和发展的需要为前提，是典型的创造现实、塑造现实、改变世界的活动，是建构人工世界的方法和手段，能够培养学生的建构性、筹划性、创造性和艺术性。

工程思维的成果主要是设计的图纸、规划的蓝图，也包括操作的方案、实施的路径等。

22 工程在 STEM 教育中的作用是什么?

美国国家工程院在《K−12 工程教育》的研究报告中明确将工程学确定为“综合 STEM 教育的催化剂”，指出“STEM 教育中的工程学是解决当前 STEM 教育缺乏整合的方式”。

美国纽约州在制定学校工程教育标准时将工程设计描述为“涉及建模和优化的迭代过程，这个过程用于在给定约束条件下为问题解决开发最优化的技术解决方案”。

工程教育强调学生在学习过程中产生有形的结果，且学生需要考虑时间、成本、材料等条件限制，充分运用多学科知识和工具进行物化实现。学生物化实现的结果可以是产品模型，也可以是产品的外观设计或系统概念图，抑或是合理的问题解决方案。

工程设计过程是工程的核心，工程设计为科学、数学和技术教育的综合实施提供了有意义的、开放的问题情境，鼓励学生根据实际需要开发和选择解决方案，允许学生按照实施情况重新设计和优化方案。

将科学探究方法与工程设计思维结合起来，有助于学生更好地理解与改造世界。

23 STEM 教育与创客教育有哪些区别和联系?

创客教育是信息技术支持下开源的 STEM 教育，它是一种培养创客精神的教育形态，注重与新科技的结合，并逐步培养跨学科的创新能力。

跨学科是两者的主要共同特征。STEM 教育强调多个学科的综合应用，创客教育则是在创造过程中不可避免地用到众多学科的知识，如信息技术、科学等。从结果上看，创客教育对“造物”这一成果尤为关注，而 STEM 教育将“物”看作是水到渠成的，并不强求。此外，STEM 教育的成果并不强调是实物形态的物体，也可能只是一场活动或调研分析。

强调问题的真实情境也是两者的相同之处。然而在问题的来源上，两者又有所区别。STEM 教育中涉及的问题需要教师进行预设，对后续的学习过程进行初步的开放设计，对所需的学习资源进行准备；而创客教育中学生研究的问题更多的是学生自行发现的，学习的最后结果也指向问题的解决。

对“造物”的重视程度不同和问题来源不同，促成了两者的关键性差异，如教师与学生角色的差异，数字化、信息化工具使用程度的不同等。在创客教育中，学生扮演着创造者、发现者和问题解决者的角色，教师只是帮助者、供应者。而在STEM 教育中，学生还是设计的教学活动的参与者，而且多了互动者、生成者的身份；教师的组织者、引导者身份相比传统教学有增无减，只是改变了方式。

在课堂教学中，创客教育应以 STEM 教育为原型，利用多种信息技术手段为教学带来如 3D 打印、智能机器人、开源硬件等高效创新的典型实践，注重培养学生具有数字技术时代的设计思维、计算思维和创新思维。

24 什么是 21 世纪技能？

21 世纪的教育，不仅包括传统教育科目，如阅读、写作、算术等，更应注重适应现代社会的主题，如全球化、金融与经济、健康与环境保护等。21 世纪的学校应该教会学生运用 21 世纪技能去理解和解决真实世界的各种挑战。这些技能应该包括：

学习与创新技能——批判性思考和解决问题的能力、沟通与协作的能力、创造与革新的能力。

数字素养——信息素养、媒体素养、信息与通信技术素养。

职业和生活技能——灵活性与适应能力、主动性与自我导向、社交与跨文化交流能力、高效的生产力、责任感、领导力等。

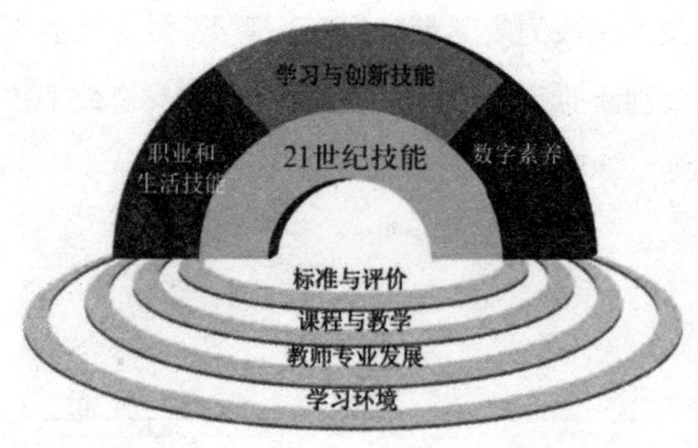

25 什么是中国学生发展核心素养?

2016年9月，北京师范大学核心素养课题研究组发布《中国学生发展核心素养》研究报告，指出学生发展核心素养主要指“学生应具备的、能够适应终身发展和社会发展需要的必备品格和关键能力”。

学生发展核心素养以培养“全面发展的人”为核心，分为文化基础、自主发展、社会参与三个方面，综合表现为人文底蕴、科学精神、学会学习、健康生活、责任担当、实践创新等六大素养。各素养之间相互联系、互相补充、相互促进，在不同情境中整体发挥作用。

核心素养的形成是在学生与社会协同作用下的渐进过程。核心素养是学生在接受相应学段的教育过程中，逐步形成的适应个人终生发展和社会发展需要的必备品格与关键能力，是关于学生知识、技能、情感、态度、价值观等多方面要求的结合体。

核心素养指向过程，关注学生在培养过程中的体悟而非结果导向。它兼具稳定性与开放性、发展性，是一个伴随终身可持续发展、与时俱进的动态优化过程，是学生能够适应未来社会、促进终身学习、实现全面发展的基本保障。核心素养不仅能够促进学生个体发展，同时也有助于形成运行良好的社会。

对学生而言，核心素养的获得是一个持续的、终身的学习过程，学生可以通过不同教育阶段的学习，有效地培养和提升自身的核心素养。

核心素养是所有学生应具有的最关键、最必要的基本素养，是情感、态度、知识和技能的综合表现，对学生个人和社会都具有积极的意义。

26 STEM 教育在促进学生发展核心素养方面有什么作用?

核心素养的理念只有在教学中才能落地生根，STEM 教育是学生发展核心素养的重要落实途径之一。通过 STEM 教育的开展，可以丰富和完善学生发展核心素养体系。

作为一种综合性的教育理念，STEM 教育服务于学生核心素养的发展，是培养学生更好地适应未来社会发展的一种重要手段。STEM 教育面向全体学生，通过科学、技术、工程和数学等领域的学科知识与科学方法的有机融合，培养学生的探究、分析、设计、实践和创新等能力，发展学生的核心素养，促进学生个人自主发展，使学生能够更好地适应快速变化的社会生活。

STEM 素养是培养学生解决超越具体学科或工作领域的真实世界复杂问题的综合能力，是学生应具备的最核心、最具有普适性的关键素养，与我国的 21 世纪学生发展核心素养具有内在一致性，是实现核心素养教育的关键组成部分。

27 STEM 教育与传统教育的区别是什么?

（1）从单一学科到跨学科。跨学科是 STEM 教育的主要特征，也是 STEM 教育与传统教育的主要区别。它最核心的特质是教给学生“思考方法”而不是“知识点”。

（2）教师角色从教授者到引导者、组织者和支持者。STEM 教育将教师从知识的传授者转变为学生学习过程的引导者、组织者和支持者。与传统教育相比，STEM 教育具有较强的生成性和综合性，对教师的要求更高。

（3）从独立教学到团队作战。STEM 教育更关注学生在实践过程中的学习、理解和运用能力。STEM 教育通过设计与任务解决相关联的一系列学习和实践活动，使学生经历有目的、有意义、能解决实际问题的学习过程。

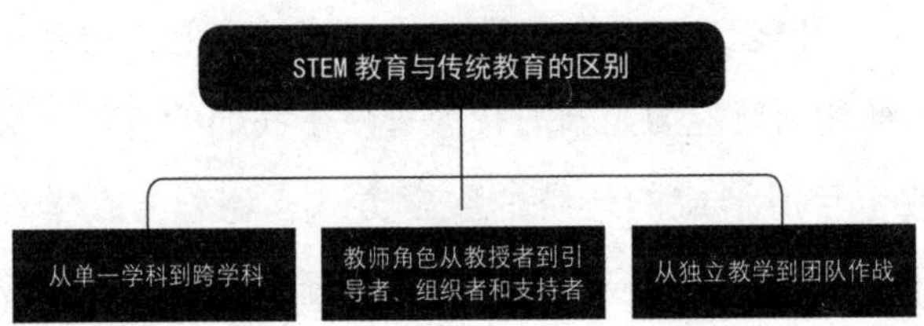

28 我国为什么要开展 STEM 教育?

（1）开展 STEM 教育是时代发展的需要。21 世纪，科技已成为社会发展和国际竞争的核心要素，世界各国都在积极探索适应经济发展和科技变化的教育理念和模式，以实现培养高素质创新型人才的教育目标。STEM 教育作为创新型人才培养的有效模式，在世界上的主要发达国家实践多年，已被广泛认可并大力推进。

随着我国经济的快速发展、综合国力的不断提升，在信息和科技的推动下，社会对人才的需求发生改变，不仅要求其具备现代化的基本素养，更要求其具备创新思维、信息处理能力、实践能力、研究能力、合作能力等核心素养。目前，在我国缺乏核心科学竞争力、核心科学技术和核心科技人才的背景下，我国迫切需要大量高素质的、具备 21 世纪核心素养的创新型人才，以适应时代发展的需要。

（2）开展 STEM 教育是人才培养的需要。培养学生的创新精神和创新能力是新时代教育赋予我们的责任与义务。过去数十年所形成的传统的教学方式、课程、教学环境、教学评价等已无法适应现代社会对创新型人才培养的要求。STEM 教育以跨学科、项目式学习为主要特征，课程内容丰富，教学形式新颖，注重对学生探究能力、团队协作能力以及创新思维、批判性思维等高阶思维的培养，是现阶段推进课程改革行之有效的方式之一，是深化基础教育课程改革的有力抓手。以 STEM 教育为切入点，可以促进学生深度学习、深入思考，培养学生的创新精神和综合素质，助力国家创新型人才培养，促进国家科技创新力提升。

29 当前我国 STEM 教育发展的内涵是什么？

（1）STEM 教育应纳入国家创新型人才培养战略。STEM 教育首先应该是国家创新型人才培养战略的一部分，服务国家竞争力提升和产业发展的需求。我国能否在新一轮的国际竞争中脱颖而出，取决于我们是否拥有足够的具有国际竞争力的创新型人才。在这样的背景下，把 STEM 教育纳入国家创新型人才培养战略很有必要。从国家层面进行顶层设计，统筹考虑国家产业发展、人才储备和各级各类教育，形成需求、政策、制度、内容、评估、经费相配套的一体化战略，既能有目的地培养创新型人才，也能提供适宜创新型人才成长的环境，吸引世界各地的优秀人才。

（2）STEM 教育是全民终身学习的活动。STEM 教育对于国家来说不仅仅是人才战略，同时也是一场浩大的全民终身学习活动，旨在通过全社会力量的参与，以多种形式吸引青少年参与 STEM 实践活动，了解 STEM 职业，从而培养科学素养，提高理解科学的能力。STEM 教育也不仅仅是培养 STEM 专业人才，而是让每个公民都具有 STEM 素养，使其能够适应社会发展，自如地应对科技带来的各方面的变化。

（3）STEM 教育是跨学科、跨学段的连贯课程体系。学生从小学习 STEM 课程，不仅需要建立系统的知识结构，培养良好的思维习惯，掌握科学的思维方法，还要运用所学知识创造性地解决问题。这一目标的实现不是靠单一类型的学科就能够解决的。因此，STEM 教育必然是一个系统化设计的课程群，打通全学段，才能保证知识结构的建立和系统思维方法的培养。STEM 课程设计需重点突出技术、工程类学科，特别是高中阶段，完全可以与大学的学科打通，这样也便于高等教育按照专业对人才素质的要求选拔优秀人才，形成从小到大一以贯之的人才培养体系。

（4）STEM 教育是面向所有学生培养综合素质的载

体。2016年教育部发布《中国学生发展核心素养》总体框架，提出了中国学生应具备的六大核心素养（即人文底蕴、科学精神、学会学习、健康生活、责任担当、实践创新）和十八项具体的指标(包括理性思维、批判质疑、勇于探究、勤于反思、劳动意识、问题解决、技术运用等）。STEM教育的主要学习方式是项目式学习，强调在真实的任务中学习、在动手实践中学习，这样的学习过程是培养学生团队合作、解决问题、理性思维、批判质疑、勇于探究、技术运用的最好载体。

(5) STEM教育是全社会共同参与的教育创新实践。STEM教育的内涵很丰富，涉及人才培养、社会活动、各级各类教育、产业等多方面，覆盖各类人群，因此，STEM教育的实施需要全社会共同参与。政府、企业、高校、研究机构、中小学校、社会团体甚至军队都与STEM教育密切相关，都能从不同角度贡献自己的力量，以保证STEM教育从政策到内容研发、从活动组织到内容实施都能得到相应的支持。而且STEM教育打破了原有的行业机构间的条块分割，贯穿了教育自身的纵向结构，在内容和形式上也与传统学习方式不同，是不断更新的创新实践。

30 当前我国 STEM 教育面临的问题有哪些?

（1）缺少国家战略高度的顶层设计。目前，STEM 教育仅仅在教育部信息化文件中被提到，这远远不能与 STEM 教育在国家发展中的重要性相匹配。STEM 教育对于实现我国建设创新型国家和制造业 2025 规划都具有非常重要的意义，不能仅仅作为教育内部的一种理念和方法，必须提到国家层面，站在国家创新型人才培养的高度来看待，从产业发展、人才需求、人才培养的角度统筹考虑，整合全社会资源推动 STEM 教育开展。

（2）社会联动机制不够健全。推进 STEM 教育需要动员全社会的力量，所以需要建立社会联动机制，整合各种社会资源，发挥各自优势，在同一体系下形成合力。目前，中国的 STEM 教育各自为战，尽管也形成了一些联盟，但都是民间的松散机构，无法形成全社会的合力，导致力量分散，缺乏力度。

（3）缺少打通学段的整体设计。STEM 教育作为人才培养战略，需要根据未来对人才的需求通盘考虑人才的培养方案。人才的成长是从小到大一以贯之的，根据学生不同年龄段的身心发展特点，提供最恰当的教育内容与方式，并保证人才培养目标的连续性以及内容、技能、方法的叠加性，避免割裂式的教育。目前我国的 STEM 教育没有完整的系统性方案，各学段的内容和目标不衔接。由于对 STEM 的理解不同，STEM 教育的实施内容也是五花八门，这不利于人才的系统性培养和叠加效果的产生。因此，STEM 教育要打通各学段并做系统性的整体设计。

（4）评估标准与评估机制尚未建立。STEM 教育是面向青少年的教育，什么样的课程能够进入学校，期望取得什么样的效果，开展的众多 STEM 教育项目是否达到预期效果，最终培养的 STEM 人才是否与国家的发展需求相匹配，高等教育和基础教育应该做怎样的调整等，都应该有相应的标准和评估机制，只有这样才能保证 STEM 教育有效健康地发展。目前，中国的 STEM 教育还处于发展初期，相应的标准和评估机制还没有建立起来，亟须改变这一现状。

（5）STEM 教育师资队伍整体水平不高。目前，STEM 教育在学校实施中面临的最大瓶颈就是师资问题。中国 STEM 教育最缺少的是技术与工程教育，而原有的师范院校中没有相应的课程，导致几乎没有技术、工程类教师。所以，培养教师是当务之急。STEM 教师专业发展需要有科学依据和理论支撑的分级培养和培训，这样才能有效地解决当前 STEM 教育师资力量不足的问题。

(6) 缺乏国家项目示范引领。目前，国家倡导的科技类活动和项目主要是全国青少年创新大赛、全国未来工程师博览与竞赛，以及一些科技体育类的项目和机器人竞赛。这些项目虽然在某种程度上丰富了学生的科技活动，在倡导理念、推进实践方面发挥了一些作用，但是均由各部门分别组织，没有形成整体。国家层面的 STEM 教育需要设计一些国家倡导的示范项目，这些项目能够在全国范围内推动 STEM 教育的有效开展。此外，这些示范项目不能仅仅局限在学生竞赛或展示活动上，还应该包括课程开发、教师培训等方面，从而形成系统性。

课程建设篇 ▶

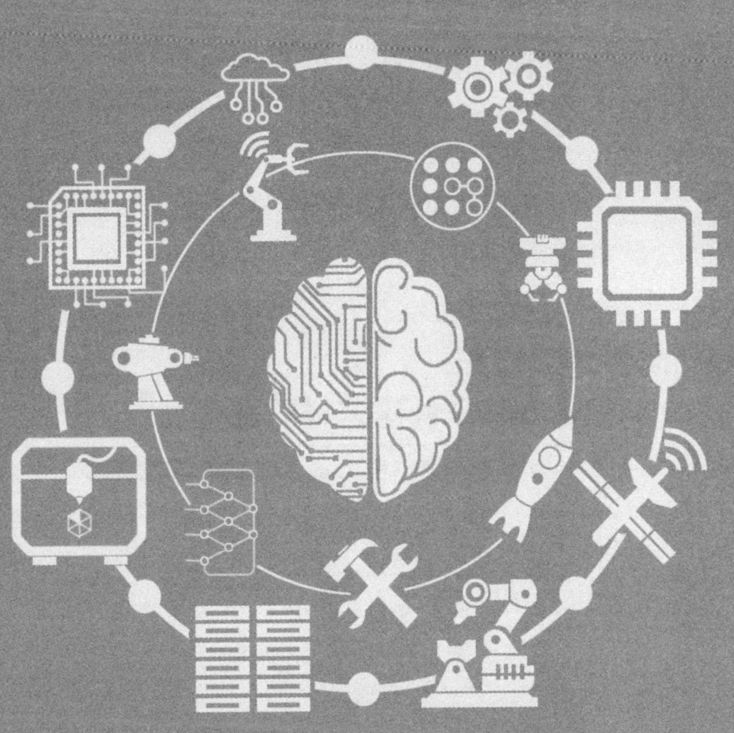

31 如何定义 STEM 教师？

STEM 教师是指从事科学(Science)、技术(Technology)、工程（Engineering）、数学（Mathematics）及相关学科的教育工作，以及进行跨学科整合教学的专业人员。

跨学科是 STEM 教育的主要特征，这就要求 STEM 教师具有开放的心态，主动学习并掌握其他学科的知识，具备跨学科综合解决问题的能力和跨学科教学能力。STEM 教师要既能运用已有的知识有效解决问题，又能突破常规，重构 STEM 教学理念，不断寻求适用于新情境的策略，形成开放、动态、发展的 STEM 教育课程观。

32 STEM 教师应构建怎样的课程观？

(1) 对 STEM 教育及 STEM 素养有充分的理解和认识。STEM 教育的根本目标是培养学生的 STEM 素养，这也是实施 STEM 教育的基本准则。作为开展 STEM 教育的教师，首先需要对STEM教育有正确的认识，理解什么是STEM素养，怎样以跨学科的方式，通过设置合理的课程结构和课程内容来实施STEM教学，从而达到对学生STEM素养的培育。

(2) 能够从教学和学习两个层面设计STEM课程。一个好的STEM课程不仅要有好的主题，还要有体现以学生为中心的教育理念，注重各学科知识的融合渗透，培养学生综合解决问题的能力和创新思维。因此，STEM教师要有从教学和学习两个层面进行STEM课程设计的能力，既能对整个课程或主题学习活动进行规划，又能对学生的学习过程进行指导，评估学生的学习成果。

(3) 能够正确理解和践行STEM教师的角色与作用。STEM教育对教师提出的高要求不仅体现在学科上，更体现在教育理念和行动上。STEM教育承载着比任何一门学科教育都要多的教学目标，在教学内容的选择和教育的实施上都具有一定的难度。教师只有正确理解自己在STEM教育中的作用，才能明确哪些教学行为符合STEM教育理念，才能更好地设计STEM课程，更好地实施STEM教学。

33 STEM 课程的教学目标是什么?

STEM 课程的总体教学目标是综合运用多门学科知识，在真实的问题情境中进行探究式学习，从而培养学生的创新能力、实践能力、探索精神和协作意识。

在总目标的框架下，STEM 课程的教学目标可以分别从知识与技能、过程与方法、情感态度与价值观等不同角度描述。学生在教师的引导下，以小组为单位，利用多学科知识和方法，运用多种工具资源进行探究式学习，通过观察、思考、实践和感悟，掌握分析问题和解决问题的方法，通过真实体验和探索实践，提高学生科学探究和动手实践的兴趣，促进学生知识、技能和能力等方面综合发展。

34 STEM 课程有哪些特色?

（1）包含 S、T、E、M 等要素内容。

（2）以问题研究或工程设计过程为导向。

（3）关注现实问题，注重在真实情境中学习。

（4）以学生为中心，实现主动实践。

（5）学生进行合作学习的形式贯穿全部 STEM 课程。

（6）结果开放，允许有多个正确答案。

35 STEM 课程设计应遵循什么原则？

（1）创设真实的问题情境。问题是 STEM 学习的逻辑起点。进行 STEM 课程设计首先要创设真实的问题情境。在真实的问题情境中，利用科学、技术、工程、数学以及艺术等多学科相互关联的知识，创造性地解决真实的问题，培养学生的跨学科整合思维、解决问题的能力和创造能力。

（2）以基于项目的学习为核心。基于项目的学习以学生为中心，解决的是如何学的问题，倡导学生以现实世界的探究活动为切入点，以小组合作的方式进行较长周期的开放性探究活动。

（3）突出科学探究与工程设计。STEM 课程要把科学探究与工程设计进行有效整合，以工程设计与实施为框架，经过“明确问题—方案设计—产品制作—优化改进”的探究过程，培养学生的创新探究能力、动手实践能力、技术素养和数学思维，有助于学生更好地理解与改造世界。

(4) 强调合作学习。一个完整的 STEM 项目很难由学生独立完成,合作学习则成为学生完成STEM 任务最重要的形式。在 STEM 课程中，要将学生划分成若干个小组，鼓励学生以自主协作、合作探究的方式解决问题。小组成员之间相互指导，分享信息和经验，进行创新实践。

36 STEM 课程设计的基本步骤是什么?

(1) 确定问题，明确需求和限制。要从生活中的真实问题着手明确问题，并进一步定义要解决的问题。

(2) 设计方案。每一种问题的解决方案都不是唯一的，也没有明显正确的方案，所以要寻求较为合理的解决方案。

(3) 检验、评估与修正方案。通过不断地对方案进行修正与调整，形成清晰的框架，明确哪些是最重要的因素。要根据测试结果对方案进行分析，并不断迭代优化。

(4) 表达与交流。鼓励学生与小组内的同学进行良好的沟通和协作，在交流中充分表达自己的观点和想法。

(5)确定最终方案。教师应要求学生对整个设计做出报告，形成最终方案，并将最终方案展示给大家，说明方案成功的依据。

37 STEM 课程设计应注意什么?

(1) 本源性。课程设计与开发必须围绕国家课程标准实施。

(2) 教学性。课程设计内容要围绕教学知识点进行。

(3) 主导性。根据自己的优势，选择一门课程为主线，其他课程为辅助。

(4) 真实性。结合实际生活设置探究项目，提出问题。

(5) 普惠性。以培养学生具备基本能力与素养为目的。

38 STEM 课程规范有哪些?

（1）要呈现现实社会问题。

（2）学生和需要解决的问题有关联。

（3）允许采用不同的方法来解决问题。

（4）整合应用科学和数学学科中的重要内容。

（5）使用工程设计过程作为解决问题的方法。

（6）采用以学生为中心的实操教学方法。

（7）设计开发模型或原型。

（8）技术在课程中的角色要明确。

（9）鼓励学生进行团队合作来完成目标。

（10）通过测试原型、评估结果和重新设计来提升结果。

（11）让学生对设计和结果进行交流。

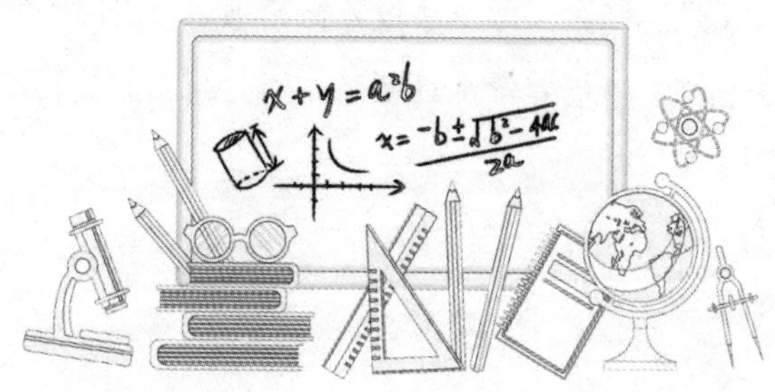

39 STEM课程相较于传统课程有什么特点？

（1）没有适用于所有学校或教师的STEM课程，也没有适合所有学生的一堂课。STEM教师最好亲自设计有效的课程。

（2）STEM课程的所有模块可能无法在同一课程中呈现。想让学生体验所有模块，需要通过几门不同的课程。无论如何，都要鼓励学生积极参与所有模块。

（3）有效的STEM课程往往需要多个课时。专注于STEM组件的单个课时的课程可用来实现特定的战略目的，但不能成为整个STEM课程计划。

40 STEM课程如何选择研究主题？

STEM课程是跨学科整合课程，其课程的研究主题应具有多样性，除了各学科的专业知识和学科专项技能外，它还注重跨学科知识、跨学科技能的学习及跨学科思维的培养。

STEM 课程的研究主题还必须具有实践性，使学生能够通过动手实践来训练相关跨学科技能。STEM 课程的研究主题可以从多方面去选择：

（1）自然现象的研究。如水资源研究、植被研究、能源研究、生态环境研究等。

（2）社会问题的研究。如对社会的历史变迁、社区文化传统、地区风土人情的考察、个人与社会的关系等进行研究。

（3）科技发展的研究。如对广播电视、远距离通信、气象预报、资源普查、导航定位、农业生产、救援救灾、环境监测等进行研究。

（4）生活学习方面的研究。如对学习和生活质量、家庭中遇到的问题、自己感兴趣的课题等进行研究。

总之，STEM 课程主题内容的选择要能体现综合性、研究性、生活性和实践性等基本特征，使学生通过对这些主题内容的研究学习，能够发现问题、学习知识和提升能力。

41 选择 STEM 课程主题应重点关注哪些因素?

(1) 价值体认因素。学生通过在学校、场馆与社会其他教育场所的亲历活动，能获得有积极意义的价值体验，有利于形成积极的实践观念，有利于形成初步的生涯规划意识和能力。

(2) 学科融合因素。要体现多学科融合的特征，将分科知识通过一定的情境实现跨学习领域整合。开展问题情境下的跨学科项目化活动，引导学生对真实的综合性现象进行问题探究及学科知识迁移，增强学生对学科知识的理解与兴趣。

(3) 问题能力因素。引导学生发现并提出感兴趣的问题，开展广泛深入的探索。问题的内容应关注自然、学校、社区以及社会生活中的现象。引导学生运用科学方法开展研究，主动运用所学知识解决问题，并及时对研究过程及研究结果进行审视、反思和优化调整，建构基于证据的、具有说服力的解释，形成比较规范的研究报告或其他形式的研究成果。

(4) 实践设计因素。激发学生的创意思维，将富有创造性的思想、理念以设计的方式予以呈现。允许设计有可选择的层次性、递进性，创意设计的主题、要求、范围、类型具有一定开放性，包括物化作品。表达图形可以“具象化”，也可以简化为抽象化的图形。

(5) 实践物化因素。引导学生按项目问题解决意图运用各种工具、工艺(包括信息技术)动手实践操作，将创意方案转化为物品或作品，如动漫制作、编程、陶艺创作等，有利于提高学生的技术意识、工程思维、动手操作能力等。设计的主题要能使学生灵活掌握、融会贯通各类知识和技巧，提高学生的技术操作水平和知识迁移水平，引导学生体验工匠精神。

42 什么是跨学科？

跨学科是指遇到单一学科领域内难以解决的问题时，需要从整合两个或两个以上学科或专业知识体系的角度来解决问题，从而使学生学到目前学科或专业内不能学到的新知识。

跨学科意味着在 STEM 教育中，教师不再将重点放在某个特定学科或者过于关注学科知识界限，而是将重心放在特定问题上，强调利用科学、技术、工程以及数学等学科相互关联的知识解决问题。其关键在于如何将不同的学科联系起来，即学科之间的对话与合作。

简而言之，跨学科就是要以解决问题为核心，以学科融合为关键，以思维整合为基础，以创新创造为目标，实现跨越学科界限，从多学科知识综合应用的角度提高学生解决实际问题能力的教育目标。

“跨学科学习”不等同于“综合性学习”，它更注重真实情境中的活动与体验、问题与探究、设计与表达，发现问题、解决问题、团队合作、实践创新等综合素养。就促进学习的有效性而言，跨学科不是目的而是手段，即通过在不同学科之间进行转换来建构更为丰富和完善的知识体系。

43 在 STEM 课程中，学生跨学科的基本能力是什么？

（1）识别和运用一些在不同学科领域中具有不同含义和用处的概念。

（2）在 STEM 实践中使用不同学科的知识。

（3）通过在两个或更多学科间实践的连接来解决一个问题或完成一个项目。

(4) 当一个概念或实践以综合的方式展现时，能够识别各个领域的内容。

(5) 利用学科知识来支持关联的学习经验，并知道在何时使用。

44 怎样理解 STEM 跨学科课程整合?

跨学科课程整合就是围绕一个共同的主题，打破学科界限，将不同学科领域的理论和方法有机融合，有目的、有计划地设计组织课程内容和教学活动，以提高学生能力，促进学生全面发展。

跨学科课程整合是 STEM 教育的核心特征。STEM 教育从真实情境出发，以现实问题解决为导向选择学习主题，提出探究任务，采用跨学科的知识和方法，通过工程与相关技术设计，实现数学、科学等学科知识与技能的学习。在解决问题的过程中，学生建立起对科学、技术、工程和数学内在联系的认知，超越了学科知识的思维和理念，达成了对综合能力的培养。

跨学科整合意味着在 STEM 课程中，教师不能再将课程与教学的重点放在某个特定学科或者过于关注学科界限，而是要利用四个学科相互关联的知识解决实际问题，从多学科知识综合应用的角度培养学生的 STEM 素养。

STEM 课程是跨学科整合的课程，而不是科技活动，包含一系列教学要素。课程实施过程有明确的教学主题、教学目标、教学进度、教学策略、学生实践和教学评价等内容。

需要注意的是,STEM 课程整合是以分科知识(科学、技术、工程和数学等学科知识）为基础和支撑点的，并不能代替高质量的分科教育。教师仍然需要支持学生学好每个学科的知识，关注单个学科的学习目标和进程。

45 STEM 课程整合的基本取向是什么?

（1）学科知识整合取向。该整合取向要求先对各学科的基本知识结构进行分析，找到不同学科知识之间的整合点，再将各科分散的知识按跨学科的问题结构化。一般采用基于问题的学习模式（Problem-Based Learning），把学习设计在复杂并有意义的问题情境中，通过合作解决真实情境中的问题或与真实世界相关的问题，促进学生对所学知识的充分理解与运用。在此过程中，学生通过体验知识获得的过程促进元认知能力的发展，通过应用跨学科知识解决问题达成对知识的深度掌握，并能对知识进行迁移运用。一般来说，问题解决的过程不会很长，开展的方式趋向多样化，如网络探究、5E 教学法、研究性学习等。

（2）生活经验整合取向。该整合取向一般基于学生的实际需求，以现实社会所必需的知识与技能为核心对多学科知识进行整合，并以项目设计与实施为载体，将各学科知识转化为生活性知识。一般采用基于项目的学习模式，通过项目将跨学科知识、高级思维能力发展与真实的生活情境相联系。在此过程中，教师不但要关注学生对学科知识的掌握程度，还要关注学生在项目中的真实体验。

（3）学习者中心整合取向。该整合取向采用学生主导的方式，由学生以个人或小组为单位提出需要运用跨学科知识解决的项目任务，是一种依据学生需求并以学生的生活经验为基础的整合模式。该模式强调学生成就感与自我效能感的获得，注重对学生好奇心与兴趣的保护，体现了人本主义的教育思想。教师在项目中发挥协调、指导、监督和评价的作用，促使学生主动介入学习情境，主动进行知识交互与问题探究，在创设的情境中找寻 STEM 知识的整合点，完成知识与意义建构。

46 什么是 STEM 三维学习框架?

STEM 三维学习框架即学科核心概念、跨学科概念和科学实践。

任何一门学科都有其基本的核心概念，STEM 项目如果没有涉及其中的任何一门学科的核心课程，这样的研究就没有意义。所以，STEM 教育需要围绕每门学科基本的核心概念来研究。

STEM 教育中的工程和技术包含两个方面：设计和整合。工程使得整合、跨学科更加容易。STEM 教育中的四门学科合在一起贯穿了模式、因果关系、度量（包括比例和数量）、系统和系统模型、能源和物质、结构和功能、稳定性和变化等基本概念。STEM 项目不管融合了几门学科，如果没有涉及其中任何一个概念，就不叫 STEM 教育，因为它没有核心的内容。

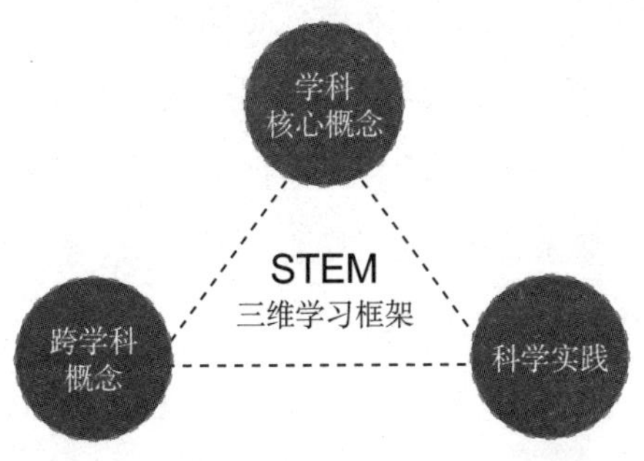

47 为什么要开展早期STEM教育？

美国幼儿教育协会（NAEYC）研究表明，越早鼓励和支持幼儿对周围世界的探索以及获得基础的STEM知识和技能，他们之后在STEM相关领域的学习中获得成功的机会就越大。在幼儿阶段形成诸如数字感觉、科学探究、问题解决能力和批判性思维等构成STEM能力的要素，将会更有助于幼儿未来的发展。

开展早期STEM教育，有利于培养幼儿的STEM素养，提升幼儿的学习能力，促进幼儿的全面发展。学前STEM教育注重激发幼儿的好奇心和学习兴趣，关注幼儿的认知体验，通过整合科学、技术、工程、数学等方面的内容，为幼儿提供真实情境，帮助他们在解决问题或在完成任务的过程中体验科学探究和动手制作的乐趣，从而达到培养其综合素养的目的。

在学前阶段开展STEM教育可以采取以下三种模式：基于项目活动的STEM学习、基于日常生活的STEM学习和基于游戏的STEM学习。学前科学活动的目标体系可以以STEM素养为参考，侧重培养幼儿的探究能力、整合性思维、联系实际等基础的科学素养。

48 幼儿园 STEM 教育的重点是什么？

数学和科学素养的教育在幼儿早期启蒙和学前教育阶段就应当展开。幼儿园应当系统地将数学和科学的启蒙纳入幼儿的日常教育之中，帮助幼儿建立对于自然科学、数学和技术的基本经验，促进他们手工技能的发展，引导他们有针对性地观察和认识自然现象，为日后进入学校系统地进行 STEM 专业知识学习奠定兴趣和认知基础。

49 小学 STEM 教育的重点是什么？

小学 STEM 教育的重点是入门级的 STEM 课程以及对 STEM 领域和职业的认识。步骤是基于标准的结构化探究学习、基于现实世界的学习、基于问题的学习，将四个 STEM 科目连接起来。目的是激发学生的学习兴趣，促使学生喜欢学习课程，而不是被动地接受要求。同时，也要注重校内和校外 STEM 学习机会的衔接。

50 初中 STEM 教育的重点是什么?

初中 STEM 教育课程要求程序内容更加严格和富有挑战性。学生对 STEM 领域和职业的认识以及对这些领域的学术认知要继续加深。推动学生对 STEM 相关职业的探索和研究，尤其要关注任职人数不足的行业。

51 高中 STEM 教育的重点是什么?

高中 STEM 教育的重点是以富有挑战性和严谨的方式应用相关科目。目前，在 STEM 领域和专业以及高中后教育和就业准备方面都要有课程和实施途径，应将更多的重点放在弥补和丰富校内外 STEM 教育交融并进的机会上。

教学实施篇 ▶

52 STEM 教学与传统教学有什么区别？

(1) 教学目的不同。传统教学偏重于知识的传授，强调知识本位，对学生的体验与创新实践能力培养不够重视；STEM 教学注重学生在获得知识的同时应用知识，获得相关技能，培养动手实践能力、创新思维等综合能力。

(2) 教学内容不同。传统教学是教授单一的学科知识，教学围绕每一个知识点展开，学生获得的知识是相对孤立的；STEM 教学通过跨学科知识的整合来解决真实问题，在此过程中，学生不但能深化对各学科知识的理解和掌握，还能从学科的交叉融会中获得新知识。

(3) 师生关系不同。传统教学以教师为中心，教师是知识的传授者，学生被动地接受知识，难以激发学习兴趣；STEM 教学是师生的合作与探究，教师是学生学习的协助者，学生能更有效地进行自主学习，充分地发挥其主观能动性。

(4) 学习方式不同。传统教学是在知识的驱动下，学生为了获得知识和技能而学习，课程设计与教学主要是为知识传授服务；STEM 教学是任务驱动，课程设计与教学围绕任务展开，学生能够主动建构探究、实践、思考、运用的学习体系，获得综合能力。

(5) 评价方法不同。传统教学注重分段式学习，以考试和测验等总结性评价作为评估学习效果的主要手段；STEM教学是过程性评价和总结性评价相结合，以产品作为评估的依据，关注学生的积累性表现，教学评价是多角度、全方位的评价。

53 开展 STEM 教学应注意什么？

(1) 选择研究主题时，要在各学科的基础上，围绕跨学科知识的统整理念来选择。无论将 STEM 理解为课程还是教学策略或方式，其内涵都是指对科学、技术、工程与数学知识和技能的融合。STEM 教学要把技术教育、工程教育作为整合课程的关键点，关注多学科知识的学习和运用，注重学生的参与和体验。

(2) 选择跨学科内容时，要注意内容的思维性，体现思维的进阶过程，即内容之间的联结和转移能激发学生高层次的认知，从而增强内容的进阶度、思维的层次性，使学生在进行跨学科学习时不因内容难度过大而放弃。

（3）引导学生从跨学科视角解释科学、技术问题，进而设计方案并开展科学实践。学生要基于不同观点和不同知识结构，在充分考虑各种因素或制约条件后，选择一个可行性方案，在不断改进和优化的过程中提升关键能力。

（4）以小组为单位进行合作学习是 STEM 教学的组织形式。教师要遵循“组内异质、组间同质”的分组原则，依据 STEM 项目主题对学生进行科学分组，合理分工，规范制度并完善评价，使小组成员团结协作，共同解决具体问题。在小组合作探究活动中要给予学生更多的自主发挥空间，引导学生进行学习反思。

54 开展 STEM 教学的方法有哪些?

(1) 正向项目教学。目前，在 STEM 教育中被广泛采用的项目教学，本质上是一种正向项目教学，强调以项目活动为依托组织教学内容，以学生为主体开展教学活动，以可视化和多样化的学习成果评价学生的学习效果。其实施过程一般分为五个阶段：需求分析、可选方案分析、详细方案分析、系统实现与测试、作品包装与分享，基本体现了“产品设计→产品生产→消费使用”的一般过程。

正向项目教学之所以在 STEM 教育中如此盛行，一个重要原因就在于，正向项目教学能够将生活中的实际问题或需求整合成一个跨学科的项目，以学生为中心，让学生通过设计、制作、评价，从零开始完成一件项目作品的开发。

(2) 逆向工程教学。逆向工程又称反求工程或反向工程，是以造物为目的，以先进产品的实物、样件、软件等作为研究对象，运用现代设计理论、方法和测量技术，对已有产品进行建模、仿真，最终实现优化既有产品和再创造的过程。它的实施过程一般分五个阶段：作品使用与工程分析、作品分解与复原、再设计与微创新、原型制作或产品再造、比较评估与反思。

在这个过程中，作品分解与复原是关键的步骤，需要引导学生学会观察、测量和记录。只有这样才能有效复原作品，并深入理解作品的制作过程和内在原理。拆解和拆分是儿童的天性，尤其表现在其对玩具的“破坏性”拆解上，很多儿童因未得到正确的方法指导，导致被拆解的玩具无法复原而被丢弃。此外，逆向工程不只是单纯的仿制，再设计与微创新也是重要的一环，以便让学生在“认识原型→再现原型→超越原型”的过程中深化学习。

(3) 纠错教学。纠错在教学中涉及两个不同层面的应用：一是指在工程教育中，学生从工程设计师的角度不断修正和调整自己设计的作品，以符合预期的目标；二是指教师人为地设计纠错任务，或是提供已用坏或损坏的残缺作品，让学生接受系统的纠错任务训练，发现故障产生的根源，复原作品的功能。

作为一种教学方法，纠错教学一般指的是第二个层面的应用，其实施过程大体可以分为四个阶段：玩与观察、分析可能的原因、确定纠错的起点、纠错与测试。与逆向工程教学方法相比，两者都是从现成作品或产品的使用、观察入手；不同的是，纠错教学并不需要设计制作一件新的作品，而是聚焦于已有作品中科学问题的发现与解决，其关键环节在于“假设—尝试”的“试误”过程，有时甚至需要经历多次的迭代。从这个意义上说，纠错教学本质上与科学探究的过程有高度一致性。STEM 教育作为一种手脑并用的工程教育，对学生纠错能力的培养不容忽视。可以说，纠错是工程设计中必不可少的一个重要环节。

(4) 科学探究。科学探究强调以科学问题为导向，以培养学生掌握跨学科知识和科学探究能力为目标，用 STEM 教育理论指导科学探究活动的设计与实施。一般从生活中的科学问题出发，制订科学探究方案，开展科学探究实践并收集数据，利用程序设计或其他数据统计软件分析数据，使学生在习得跨学科知识、科学的思维过程与方法的同时，提高科学探究能力。

开展基于科学探究的 STEM 教育对教师而言无疑是一项艰巨的任务，教师不仅需要具备 STEM 教育理念和扎实的科学素养，还需在必要时寻求其他学科教师的支持和配合。另外，在设计科学探究主题时，教师必须考虑所涉及的科学知识与相关学科教学进度的呼应，不宜超前探究，并且最好能在既有学科知识的基础上通过探究活动拓展其认识，或生发出新的探究问题。

55 开展 STEM 教学的主要步骤有哪些?

STEM 课程固然是融科学、技术、工程与数学为一体，但如果不能运用恰当的方法进行教学，也构不成 STEM 课程。STEM 课程以工程设计的项目为架构，利用工程设计整合课程内容，产生具体项目，把科学、数学的基础知识和技术能力融合在工程项目之中。所以，STEM 课程的学习是一种基于问题的探究性学习，强调实践探究与工程设计。STEM 教学的主要步骤有：

(1) 发现问题。STEM 学习是探究性学习，探究必须从问题开始。STEM 的问题是基于生活情景的真实问题，这个问题可以由教师设定，也可以让学生自己发现。STEM 的问题既需要开放和创造，也需要有一定的限定。所以，教师要在一定的条件下引导学生发现问题。

(2) 提出假设。科学假设是科学理论的一种可能表达。科学研究之所以不是盲目的尝试，就在于它是有根据的，是一个提出假设、求证假设的过程。科学假设是根据已有的科学知识和观察到的事实，对所研究的问题提出的一种猜测性陈述或一种可能性解答。

(3) 科学求证。证据收集是科学求证的第一步。证据可以来自观察、实验或基于科学原理的逻辑推理。求证过程中，需要对证据进行验证。对于工程问题而言，就是要把设计的方案付诸实施，从而验证方案。

(4) 得出结论。通过科学求证和数据分析，对假设进行验证，然后得出结论。在此过程中，需要不断修正方案，不断进行验证，进而不断地修正结论。此过程可培养学生的探究精神和解决问题的能力。

(5) 反思分享。通过这一环节，学生对自己发现问题、验证问题和得出结论过程中的经验和错误做出分析，提炼成功经验，促进解决方法的可迁移性，提升学习的可迁移能力。同时，同学之间的分享交流也有助于产生新的观点，发现新的问题。

56 STEM 教学实施的两种取向是什么?

(1) 作品开发取向的 STEM 教学。通常以一个项目为依托，重视学生利用计算机等相关设备、程序以及其他技术性资源（如开源软、硬件）生成物化学习成果。值得注意的是，囿于不成熟、不完善的专业知识，中小学生可能很难形成颠覆性或原发性的物化成果。因此，对于作品开发取向的STEM 教学而言，将学生实践创新能力的培养定位在微创新层面更具现实意义，即学生在了解原有产品、规则或服务的基础上，对原有产品做一些有意义的改变或调整，但并没有从根本上改变原有的设计。

（2）科学探究取向的 STEM 教学。STEM 教育相当于一种科学探究的载体或平台，强调科学探究取向，以获得多元知识（如调查报告、解决方案等）为目标，以探究式学习为主要学习方式，并在科学探究的过程中深化学习。科学探究取向的 STEM 教学最重要的活动在于建构科学模型，以解释和预测自然现象。科学建模是指针对自然现象抽象出其主要特征，依据科学直觉建构其关系、结构等概念模型，并用科学语言进行表征。

57 常规的 STEM 教学模式有哪几种?

（1）项目式学习。围绕充满挑战的、需要解决的、源于现实的驱动性问题，通过师生合作、相互学习，使用技术表达想法。

（2）问题式学习。以问题为核心，针对真实情境，突出学习者的中心地位。

(3) 设计式学习。通过情景设计，不断调查与探索，学习科学知识，发展解决复杂问题的能力。

(4) 5E 教学模式。以建构理论为指导，包含参与、探究、解释、详细说明、评价五个活动。

58 作为一种教学策略，STEM 教育的应用模式有哪几种？

STEM 教育作为一种教学策略，在实际应用时，必须以解决现实中的实际问题为目标，以 STEM 知识的综合运用为手段。根据具体目标的不同，可以把 STEM 教育分成验证型、探究型、制造型和创造型四种不同的应用模式。

(1) 验证型。验证型 STEM 教育应用的目标是让学生通过综合运用 STEM 知识完成对已知结果的验证，如定律或现象。但这些定律或现象并不是此类应用的重点，怎样通过 STEM 知识的综合运用来验证这些结果并达到加深理解、领悟科学才是关键，即核心是学生的验证过程和方法，而非结果。验证型 STEM 教育应用的基本步骤包括明确问题、设计方案、评估方案、实施方案、分析数据、分享反思。

（2）探究型。探究型 STEM 教育应用的目标是让学生通过综合运用 STEM 知识去发现并解释某些学生不知道的现象，其核心是学生的探究过程及结果。无论是探究过程还是解释现象都将综合运用 STEM 知识，从而培养学生的科学探究精神和能力。探究型 STEM 教育应用的本质是探究型学习在 STEM 教育中的特定应用，基本步骤包括发现问题、收集证据、分析数据、解释结论、分享反思。

（3）制造型。制造型 STEM 教育应用的目标是让学生通过综合运用 STEM 知识去完成一个已有形态物品的生产和改良，其核心是学生的工程实践能力的培养。考虑到学生必然经历一个从模仿到改进的过程，制造型 STEM 教育应用的基本步骤包括情境引入、设备培训、模仿制造、知识讲解、协同改进、分享反思。

（4）创造型。创造型 STEM 教育应用的目标是让学生通过 STEM 知识的综合运用去完成一个创新物品的设计和制造，其核心是创新性的实现，是基于设计的学习在 STEM 教育中的特定应用。当然，在实际应用中，创新物品的方向是有指向性的，否则学生会因选择太多而无从下手。从基于设计的学习模式出发，创造型 STEM 教育应用的基本步骤包括情境导入、创新引导、协同设计、制造验证、应用改进、分享反思。

59 STEM 教学如何评价？

STEM 教学评价要根据以人为本的发展理念，建立科学的评价标准，体现评价主体、评价方式和评价过程的多元化，要将教师评价、学生互评与学生自我评价相结合，过程性评价与结果性评价相结合。STEM 教师需要考虑多样化的评价方法，针对学生不同的学习表现和学习结果提供全方位的评价反馈。

STEM 教学多采用形成性评价和总结性评价相结合的评价方式，注重设计全面完备的评价工具，将学生的各种表现外显为可操作的评价指标，这能对 STEM 课堂、教师、学生等进行全面评价。评价指标要求具有科学性和可行性，评价工具要直接聚焦于教学活动过程，评价的结果要可视化，能直观地呈现课堂行为。

STEM 教学评价要重视学生的过程表现。学生的过程表现是指学生在 STEM 课堂中的学习投入与情感体验等，包括问题理解、活动探究、方案设计、模型创建、测试与检验、结果交流和迭代设计等。

60 什么是形成性评价?

形成性评价是对学生日常学习过程中的表现、所取得的成绩以及所呈现出的情感、态度、策略等方面的发展做出的评价，是基于对学生学习全过程的持续观察、记录、反思而做出的发展性评价。

在 STEM 教学实践中，形成性评价要由教师和学生共同来完成，内容包括学习态度、学习过程中的操作表现、阶段性的技能测试成绩等，可根据不同课程的特点和要求，采取笔试、口试、实操、作品展示、成果汇报等多种方式进行评价，并将评价均衡地安排在学生学习的整个过程中。

形成性评价是一个动态的、互动的过程，教师可以据此对学生的学习情况进行持续性的监控，明确存在的问题和改进的方向，及时引导学生做出修改或调整，以获得更加理想的效果。

形成性评价重视学生学习的过程和过程中的体验，能够帮助学生有效调控自己的学习过程，提高学习动力和学习效果，使学生获得成就感，增强自信心，增强团队协作意识。

61 什么是总结性评价？

总结性评价又称为终结性评价，是现今学校中使用最多的一种评价方式，一般是在教学活动告一段落后，以预先设定的教学目标为基准对教学效果做出评价。传统的学校考试就是一种总结性评价，其目的是检验学生的学业是否达到了各科教学目标的要求。

总结性评价注重考查学生掌握知识的整体程度，重视的是阶段性的学习成果，以此对学生做出全面鉴定，进行分类和筛选，并对整个教学活动的效果做出评定。

STEM 教师通过总结性评价可以看到课程的实施效果，也可以据此检验学生的知识和能力是否通过 STEM 教学活动获得了提升。在对学生进行总结性评价时，教师不能只关注学生知识层面的检验效果，还需要综合考查学生 STEM 知识、能力和态度三个维度的发展情况。

62 未来促进 STEM 教育教学可采取哪些方法和措施?

(1) 促进 STEM 教与学的经验的推广和资源的公平化。

(2) 培育参与度高且网络化的 STEM 实践社区。

(3) 重新设计课堂活动以提高趣味性和风险性。

(4) 开展早期 STEM 教育。

(5) 打破 STEM 学科间以及与其他非 STEM 学科间的分界。

(6) 构建有利于开展探究活动、基于技术的学习空间。

(7) 开发创新且可操作的学习测量方式。

(8) 重新定义 STEM 形象，以促进多元化、多机遇的社会环境的形成。

63 什么是项目式学习?

项目式学习（Project-Based Learning，简称 PBL），是一种以学生为中心设计项目的教学和学习方式。教师根据学生的兴趣和需求，从教学的整体目标出发，为学生匹配适合的项目，并根据项目的不同进行相应的指导，项目信息的收集、方案的设计、项目的实施及最终评价都由学生自己负责。项目式学习最显著的特点是以项目为主线，以教师为引导，以学生为主体，注重理论与实践相结合。在项目实施的过程中，学生能够更好地发现自我，形成清晰的自我认知，这有利于学生自学能力、创新能力和探究精神的培养。

以课程形态来看，项目式学习是基于学科课程的跨学科的活动课程；以教学活动形态来看，它主要是以完成作品（或特定任务）为目标的学生自主的、探究的、实践的活动。项目式学习基于学科又超越学科，能够帮助学生理解不同学科的独特价值以及学科之间的相互联系，也能够实现学科教学难以实现的帮助学生关注当下社会生活、融入现实生活的任务。

项目式学习已被广泛应用于各学段的科学、技术、工程、数学（STEM）教育的课程中。

64 项目式学习的关键要素是什么？

（1）以项目为主线，以教师为引导，以学生为主体，师生共同完成。

(2)关注的是现实世界中需要实践参与才能解决的复杂的、非预测性的多学科知识交叉问题。

(3) 重点在于学习过程而非学习结果，强调对过程中各种能力的锻炼和学科知识的学习。

(4) 需要通过完成作品的方式来实现知识的建构，而作品的样态可以是多样的。

65 项目式学习的特点是什么?

(1) 以项目（问题）为学习的起点，学生的一切学习内容都以项目为主轴来架构。

(2) 项目（问题）是现实问题或基于真实情境的复杂的、非结构化的问题，没有固定的解决方法，提倡以开放性的思维方式，通过多种途径来解决。

(3) 项目（问题）涉及多学科知识，需要学生综合运用多学科知识和技能才能解决。

(4) 实施过程以小组形式进行，项目的完成需要小组成员相互配合。项目计划的制订、步骤的实施、结果的呈现等都需要小组成员的共同努力。

(5) 以学生为中心，学生是项目的主导者。教师只作为项目活动的组织者、监督者和引导者。

(6) 要求学生进行自我评价并接受小组评价。评价以产品作为依据，注重学生的积累性表现。

66 项目式学习开展的普遍流程是什么?

(1) 选定主题。项目主题的选择要根据学生既有的学习经验，考虑学生是否有能力研究该项目，项目是否融合多门学科的知识，是否基于真实情境，所选项目是否具有研究价值，以及如何对该项目进行检测、评价等。师生要共同协商来选择探究项目。

(2) 制订计划。以驱动性问题为引领，辨别和分解核心问题，制订开展项目的总体规划和详细活动计划。学生要对进行项目学习各阶段所需的时间做出详细的安排，并对项目过程中所涉及的活动流程进行计划。

（3）活动探究。这一阶段是项目式学习的主体，学生大部分知识的获得和技能、技巧的掌握都在此阶段中完成。学生要以小组学习为主要形式，开展“分析问题、构建假设、调查研究、提出解决方案”等活动。

（4）产品制作。依据解决方案制作项目产品。产品制作是项目式学习区别于一般活动教学的重要特征。产品可以有多种形式，如研究报告、实物模型、图片等。学习小组通过展示他们的研究成果来表达他们在项目学习中所获得的知识和所掌握的技能。

（5）交流与展示。项目产品制作完成后，各学习小组之间可以相互交流展示，以公开的、多样化的形式呈现探究过程，分享学习成果和经验、心得。成果交流的形式有很多种，如举行成果展示会、报告会、辩论比赛等均可。

（6）总结评价。总结评价要由专家、教师、同伴以及学生自己共同来完成，注重多种评价形式相结合，既要对项目结果进行评价，也要对学生的学习过程进行评价。评价的内容包括主题的选择、学生的表现、时间的安排、成果的展示等方面。对结果的评价强调学生知识和技能的掌握，对过程的评价强调对各种实验记录、数据、活动记录表、学习体会等的评价。

67 项目式学习分为哪几类?

（1）微项目式学习，是指在课堂中为学生提供 15 ~ 20 分钟长时段的探索项目任务，或者在课外用类似实践性作业的形式对某个内容或主题进行探索。微项目式学习的核心价值取向和设计思路与学科、跨学科项目式学习是一样的，只是在一节课中很难进行完整的设计，通常只取其中的驱动性问题进行探究性实践、社会性实践，本质上属于以学习为中心的课堂变革。

（2）学科项目式学习，主要以学科内的关键概念或能力为载体，指向学科的本质，在此过程中可能会涉及其他学科，也会运用其他学科的知识作为支撑。但是，从核心知识的提出到挑战性问题的解决，以及最后成果和评价的指向都是学科的关键问题，体现对学科的本质性理解。

（3）跨学科项目式学习，是以不同学科的关键概念或能力为载体，指向真实世界中的问题解决。它通常需要整合不同学科的知识和能力，共同指向真实情境中的问题探索与解决，体现对不同学科领域知识的整体理解。

68 怎样实施项目式 STEM 教学?

STEM 教学主要以项目（活动）的形式开展，因此对于实施项目式 STEM 教学，做好项目设计非常重要。项目设计一般包括选择主题、确定目标、设计方案、项目实施、过程检测、反思验证、展示评价等几个环节。STEM 教师要基于 STEM 教育理念，依据教学内容要求做好项目设计，在项目实施的过程中进行 STEM 教学。

在项目式 STEM 教学中，教师要引导学生从生活实际出发选定项目主题，项目主题应是跨学科的，融合科学、技术、工程和数学等多学科的知识内容，契合 STEM 理念和核心素养发展要求。学生在明确项目主题后，对项目进行分析，梳理需要解决的问题，设计解决方案，整合各学科知识进行探究、实践，习得新知，获得技能，提升综合素养。

教师在实施项目式 STEM 教学时，要在保证课程开放性和学生自主性的前提下，合理设计课堂环节，对课堂中可能出现的问题进行充分预设并做好预案；要善于激发学生的主动性，以引导式回答代替详尽的解释，保证学生在整个学习过程中的自主性。

69 实施项目式STEM教学需要教师掌握哪些技巧？

（1）预期管理，以便更好地控制课堂进程。类似于政府、企业或社会组织的项目实施，项目式学习也一定是在有限的资源、有限的时间限制内力图实现项目既定目标的组织性活动。教师要对学生做好预期管理，明确项目式学习过程中可以使用的设备清单和获取途径，以及每一个环节的时间限制，帮助学生设定合理的可行性目标，并在规定的时间内至少在某种程度上完成项目目标。

（2）课程结构化，以便更好地管理协同合作。项目式学习的过程并不是完全由学生主导的，教师需要提供必要的指导和规范。从项目开始到完成项目，其中涉及多个必备环节，如查找资料、设计方案、展示方案等，若完全由学生主导，由于不同小组学生的能力和思维的差别，班级整体进度很难统一，从而影响项目式学习的实施效果。教师需要对课程进行时间划分，梳理不同环节之间的逻辑关系，为每一个环节命名，并为每一个环节设计流程。这样既可以保证班级整体进度，也可以保证过程性评价的有效性。

（3）制定规则，以便更好地与学生进行交流。在项目式学习过程中，学生的注意力会集中于快速得到良好的结果。在这种情况下，学生既可能完全忽视教师的存在，也可能急切地向教师寻求帮助。教师可能无法有效地向全体学生传达信息，也可能同时面临多个小组的求助而分身乏术。这时，规则的制定就很重要，将会帮助教师与学生实现良好有序的沟通。

（4）制定评价标准，以便更好地规范学生的行为。在项目式学习中，过程性评价需要教师不断走进学生、观察学生、记录学生的各种表现，进而对学生进行评价。一个经过设计和推敲的评价标准可以成为课堂中教师与学生互动的约定框架，规范学生的学习行为，保证学生在项目主线指导下进行相应的探究和讨论；同时，也为教师提供规范课堂进程的指导性文件。当学生的表现突破评价标准的约定时，教师就需要及时发现并做出针对性的引导。

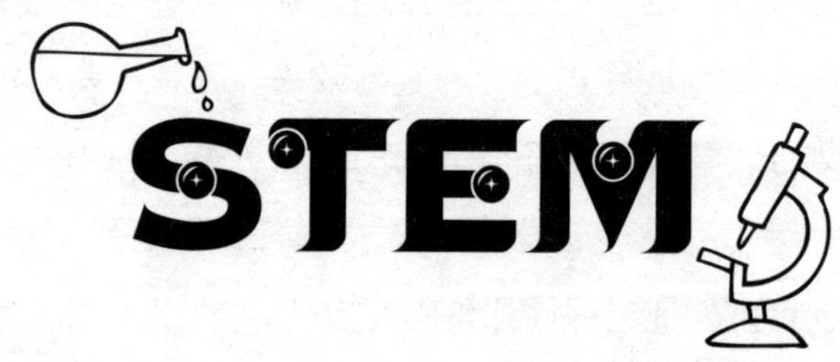

70 实施项目式 STEM 教学面临的挑战有哪些?

(1) 与现行的考试产生冲突。目前的考试不会涉及项目式 STEM 教学所培养的学生的各种能力，教师在这种考试、考核因素的制约下实施项目式 STEM 教学的积极性不高。

(2) 时间不足。项目式 STEM 教学活动的课时比传统课堂的课时要长，学生需要花费更多的时间在前期调查、方案制订、讨论实施、报告撰写、展示准备以及成果搭建中。迫于课程进度的压力，教师很难安排开展持续几周的项目式 STEM 教学活动。

(3) 缺乏通用的结构。项目式 STEM 教学有多种定义和解释，不存在通用结构，不同学科可能存在不同的结构。相较有着特定结构的传统教学方法而言，项目式 STEM 教学难于实施的特性更加凸显。

(4) 背景知识和技能缺乏。如果学生对正在研究的课题缺少扎实的理论基础，或者处理的问题超过了他们的阅读和理解水平，他们将很难在此基础上掌握新的知识。

(5) 空间、设备等资源的局限。项目式 STEM 教学活动需要走出传统课堂来获得相应资源并开展活动，如在活动教室构建作品、在社区进行调查等，使得教师备课、教学支架构建的难度大增。

71 什么是问题式学习?

问题式学习（problem-based learning，简称 pbl），是一种强调以学生为主体、以问题为导向、以情境教学为载体的教学模式，倡导学生以自主学习或小组合作的方式解决问题。

与传统的教学模式不同，问题式学习以提出问题、研究和解决问题为主线，立足于真实世界的问题，学生在教师指导下开展自主学习、合作学习，充分发挥主观能动性，在对问题的探究中发展批判性思维，从而达到增强问题意识，提高理解、掌握和运用知识以及解决问题的能力的目的。

问题式学习为培养学生批判性思维提供了机会和方法，几乎所有关于批判性思维的研究都认为批判性思维教学应基于解决问题的策略。

72 问题式学习开展的普遍流程是什么?

（1）提出问题。问题式学习的关键是创设高质且有效的问题。而有效问题的设计是有效教学的关键。教师要创设真实的问题情境，使学生运用已有知识经验，通过情境所给线索，从多维度搜集、分析资料，辨别、澄清问题本质，从而进行有效的问题设计。

（2）解决问题。教师要按照不同的知识和能力水平将学生分成若干个小组，让学生以小组为单位，围绕设定的问题进行自主学习和合作探究，通过小组成员之间的交流、沟通，使不同的观点相互碰撞、启发，最终形成解决问题的方案。

（3）拓展迁移。学生在学习了新知识、新概念或新技能后，教师要引导学生将所学知识融会贯通，将所学技能灵活运用，自觉在新的情境中进行拓展迁移，在迁移应用中领悟知识的内涵与本质。

（4）提炼升华。学生对所学知识进行系统梳理、总结和提炼，对问题解决过程进行反思，在此过程中增进思维，获得思想方法，深化对所学知识的理解和认识，丰富并完善自己的知识体系。

73 问题式学习与项目式学习有哪些共通之处?

问题式学习与项目式学习都是建构主义取向的教学模式，均强调以学习者为中心，将学习与生活情境相关联。相较于传统的讲授式的课程教学，它们都能更有效地促进学生进行深度学习并形成高阶技能。它们的共通之处表现在：

（1）问题或任务都是开放性的，并不追求某种单一的、确定化的学习结果或答案。

（2）创设真实情境，为学生在真实的场域中应用知识与技能创造机会。

（3）强调学习与经验的联结，重视学生的体验过程，认为探究活动是学生学习的有效方式，体验（经验）则是达成这一方式的最佳途径。

（4）认同学习的过程是学生主动建构知识的过程，强调以学生为中心，教师只作为学习的引导者和促进者。

（5）强调小组合作、协作探究，通过多种途径为学习过程搭建脚手架。

74 问题式学习与项目式学习有哪些区别？

（1）学习的侧重点不同。问题式学习以结构不良性问题为起点，鼓励学生构思不同的问题解决策略与方法，重视学生解决问题的过程，关注学生探究能力和创新精神的发展，旨在培养学生的发散性思维和多路径问题解决的能力。而项目式学习则以培养学生的研究实践能力为目标，其驱动性问题具有结构优良性，学生基于真实的问题情境，通过完整地探究产品制作过程，掌握科学的探究流程，获得独立思考和协作解决问题的能力。

（2）跨学科性不同。相对于问题式学习来说，项目式学习具有更强的跨学科性。在项目式学习中，由于学生必须以“成果展示”的形式呈现最终的产品，通常需要学生整合多门学科的知识，并且需要花费较长的时间来完成项目。而问题式学习更多地关注解决问题的过程，跨学科性相对较弱，活动过程持续时间也相对较短。

（3）对学习结果的要求不同。问题式学习侧重于学习的“过程”，项目式学习则强调最终形成的“产品”。问题式学习始于待解决的问题，围绕问题展开探究活动，使学生获得解决问题所需的知识和技能。而项目式学习则以问题为导向，遵循“设计—探究”的一般步骤，通过制订计划、开展研究、生产创作、修正改进、展示评价等环节解决一系列问题，最终形成项目产品，并使学生在此过程中获得知识和能力。

（4）评价的侧重点不同。问题式学习重在评价学生在解决问题过程中的思维过程，教师也是面向过程的管理者。而项目式学习主要对学生呈现的学习成品进行评价，并以此反观整个项目过程，教师则是面向项目的管理者。

总体来说，问题式学习与项目式学习的共通之处较多，其差异也只是体现在各自关注的维度不同，即一个重在探究思维发展的过程，重视学生思维方式的培养，一个注重探究实践能力的培养，重在学生综合实践能力的提升。教师可根据教学目标和实际情境，选择更为合适的模式。

75 什么是5E教学法？

5E教学法最早起源于生物学科的教学，是由美国生物学课程研究会（BSCS）开发的一种基于建构主义的探究式教学模式，因其完备的实用性受到教育界的高度关注，是美国科学课堂的主流教学方法。

“5E”指的是参与（Engagement）、探究（Exploration）、解释（Explanation）、详细说明（Elaboration）和评价（Evaluation）这五个学习阶段，因它们首字母都是“E”，故称为5E教学法，也称为5E教学模式。

5E教学法强调以学生为中心，以项目式学习为引导，通过探究和实践来解决实际问题，促使学生深入理解科学知识，构建知识架构，逐渐形成科学思维。

5E教学法充分发挥学生的主动性，激发学生的学习兴趣，引导学生主动思考，更注重学习过程，专注于知识创新和实际应用，与深度学习的理念不谋而合，有利于培养学生的科学素养，是实施STEM教学的方法之一。

76 在 STEM 教学中如何运用 5E 教学法?

（1）参与。此环节的作用是吸引学生对学习任务产生兴趣，激发学生主动进行探究。STEM 教师要在课前先了解学生对于所学任务的前概念，在课堂上创设问题情境，将学生引入问题情境中，促使学生思考并引发新旧概念的认知冲突，进而激发学生的学习兴趣和探究意识。

（2）探究。这是 5E 教学的中心环节，学生知识经验的建构和实践技能的掌握都在本环节完成。探究的过程就是问题解决的过程，需要学生敢于提出质疑并逐步激发探究思维，采取自主、合作的方式，通过观察、描述、比较、分类、交流讨论等形式，建立知识之间的联系，构建对新概念的认知。学生是探究活动的主体。教师是学生学习的促进者和引导者，要运用 STEM 知识对学生给予针对性的指导，提供学习支架。

（3）解释。这是生成新概念的环节，也是关键环节。教师应提供充分的机会让学生对探究过程和探究结果进行展示和分析，让学生用自己的理解阐述对概念的认知，从而进一步理解关键知识和概念。教师则通过视频、多媒体虚拟演示、提示或讨论等方式进行解释或补充，注重强调学科之间的整合，以培养学生的跨学科素养、问题解决能力和创新能力。此环节通常体现为小组内个体交流发言和小组代表交流汇报。

（4）详细说明。这是对新概念的拓展延伸和迁移运用。教师应创设和提供新的应用场景，启发学生利用新概念解决具有关联性的新问题或新现象，发展学生对概念的理解和应用技巧，扩充概念的基本内涵，并引导学生通过讨论、交流进行总结归纳。这是一个对新概念不断深入理解、精致化、内化和应用的过程，能促进学生对STEM跨学科知识的迁移运用。

（5）评价。评价贯穿于整个教学过程。STEM教育的评价具有多样化特征，不仅包括学生学习反馈、探究积极性等课堂评价，还包括教师评价、学生自评与小组互评等。评价的内容不局限于考试或测评结果，更应重视探究的过程和学生的参与度。为了更有效地进行评价，在教学过程中，教师还应教给学生自我监控、自我调整和根据设定的标准进行评价的策略。评价的方法除了过程性评价和总结性评价，还应关注发展性评价，其中学生的创新精神、实践能力和合作探究能力应是重点考核指标。

77 什么是深度学习?

深度学习（Deep Learning）是学习者通过对知识本质的理解和对学习内容的批判性运用，追求有效的学习迁移和真实问题的解决，并以高阶思维为主要认知活动的高投入性学习。

深度学习是一个由浅层学习到批判思考的渐进过程，它不同于机械性记忆和对知识的简单理解，而是对学习本质的探寻，是学生主动建构和实践探索的有意义的活动。

深度学习也不仅限于加深学生对知识的理解，而是以问题解决和知识迁移为目标，通过多步骤、多层次的深度理解和加工，在情境体验中建构知识体系，形成敢于质疑的学习品质。它更注重批判性的高阶思维、主动的知识建构、有效的知识迁移以及对现实社会真实问题的解决。

深度学习是一种学习者自主的、批判性的学习方式，亦是实现有意义学习的一种有效方式。

78 STEM教育可以从哪些方面促进深度学习?

（1）创设真实情境，激发深度学习。STEM 教育强调整合多门学科知识，在真实情境的实践中解决真实问题，在问题解决的过程中从知识层面向能力层面过渡，培养创新能力以及跨学科的高阶思维能力。而真实的问题情境、沉浸式学习和体验式学习，更容易激发学生的兴趣和深层次的学习动机，促进深度学习。

（2）融合跨学科知识，增进深度学习。深度学习反对碎片化、割裂式的知识获取方式，强调多种知识和信息间的连接，包括多学科知识融合以及新旧知识之间的联系。STEM 教育强调以跨学科思维解决真实问题，注重不同学科知识的融会贯通，要求学生以一种融合的高阶思维对不同学科知识进行整合，促进学生进行深度学习。

（3）采用项目式学习，促进深度学习。STEM 教育常见的实施方式是项目式学习。项目式学习以小组合作为学习单位，构建和谐开放的学习氛围，使学生在与教师和同伴相互交流、头脑风暴的过程中自我反思，在项目实施的过程中完成知识迁移，为深度学习的实现提供可能。

（4）多维度评价，助力深度学习。STEM 教育注重对学生的学习过程、学习状态和学习效果进行综合评价，这既是进行反思迁移的开端，也是开启深度学习的转折点。通过评价促进反思，在反思中加深对问题的理解，进而达到深度学习的目的。

政策支持篇 ▶

79 教育部发布了哪些支持 STEM 教育的政策性文件？

2015 年 9 月，教育部发布《关于“十三五”期间全面深入推进教育信息化工作的指导意见（征求意见稿）》，首次提出要“探索 STEM 教育、创客教育等教育新模式”。

2016 年，教育部在《教育信息化“十三五”规划》中进一步要求：“有条件的地区要积极探索信息技术在‘众创空间’、跨学科学习（STEAM 教育）、创客教育等新的教育模式中的应用，着力提升学生的信息素养、创新意识和创新能力，养成数字化学习习惯，促进学生的全面发展，发挥信息化面向未来培养高素质人才的支撑引领作用。”

2017 年 2 月，教育部印发《义务教育小学科学课程标准》，将 STEM 列为新课程标准的重要内容之一。该文件在实施科学课程的教学建议中，倡导跨学科学习方式，指出“STEM 是一种以项目学习、问题解决为导向的课程组织方式。它将科学、技术、工程、数学有机地融为一体，有利于学生创新能力的培养”。

2017 年 9 月，教育部印发《中小学综合实践活动课程指导纲要》，明确指出综合实践活动课程的性质，就是“从学生的真实生活和发展需要出发，从生活情境中发现问题，转化为活动主题，通过探究、服务、制作、体验等方式，培养学生综合素质的跨学科实践性课程”。同时，要求在课程内容选择上要“基于学生已有经验和兴趣专长，打破学科界限，选择综合性活动内容，鼓励学生跨领域、跨学科学习，为学生自主活动留出余地”。而在课程开展保障方面，还要求开展“对综合实践活动课程专兼职教师的全员培训，明确培训目标，努力提升教师的跨学科知识整合能力，观察、研究学生的能力，指导学生规划、设计与实施活动的能力，课程资源的开发和利用能力等”。

2018 年 2 月，教育部发布《2018 年教育信息化和网络安全工作要点》，提出“开展利用现代信息技术构建新型教学组织模式的研究，探索信息技术在众创空间、跨学科学习 (STEAM 教育)、创客教育等教育教学新模式中的应用，逐步形成创新课程体系”。

2019 年，教育部发布《2019 年教育信息化和网络安全工作要点》，要求“继续实施教育信息化教学应用实践共同体项目，从网络学习空间、在线开放课程、跨学科学习（STEAM 教育）、智能教育等 4 个方面遴选组建 15 个不同应用方向的实践共同体，探索推进信息化教学应用的长效机制”。

80 中国 STEM 教育研究中心的使命任务是什么?

2017 年 6 月 6 日，中国教育科学研究院在北京召开 STEM 教育研究中心成立大会，教育部、科技部、人力资源和社会保障部、中国科学技术协会、中国科学院、中国工程院等政府机构、科研院所以及来自清华大学附属中学等学校的领导和专家出席了会议。STEM 教育研究中心的成立，不仅是对世界 STEM 教育的发展潮流、对人才培养的时代需求做出的主动回应，更是引领和指导中国 STEM 教育科学发展、提升教育国际竞争力的实际行动。

STEM 教育研究中心的使命任务，一是着力于 STEM 教育政策研究和政策咨询，进一步探索、丰富和完善 STEM 教育理论体系，引领、指导和推动 STEM 教育实践；二是进行研究和工作机制的创新，致力于打造跨部门、跨领域、跨学科的综合性高端研究平台；三是以成果为导向，注重研究质量，努力打造高水平的研究品牌和系列成果。

81 第一届中国 STEM 教育发展大会的内容是什么?

2017 年 6 月 20 日至 21 日，第一届中国 STEM 教育发展大会在四川省成都市召开。大会以“新战略、新课改、新高考”为主题，着眼于国家教育发展战略导向、新课程改革总体方向和中小学考试评价最新动向，以专家主旨报告、局长校长论坛、STEM 课程展示、STEM 教育产业发展论坛等多种形式，围绕 STEM 教育理论与政策、STEM 课程与核心素养、STEM 教育与高考改革、STEM 教师专业发展、STEM 教育产品与标准等话题进行了研讨和交流。

时任中国教育科学研究院院长田慧生表示，以此次大会为起点，中国教育科学研究院将致力于推动我国 STEM 教育研究和实践进入一个系统化的、科学的协同发展阶段。协同政府机构、科研院所、大中小学、社区和企业，建设一个跨部门、跨学段、跨领域的中国 STEM 教育发展共同体，营造社会共同参与的、一体化的 STEM 教育环境。

大会发布了《中国 STEM 教育白皮书》，启动了“中国 STEM 教育 2029 创新行动计划”。

82 第二届中国 STEM 教育发展大会的内容是什么?

2018 年 6 月 30 日至 7 月 2 日，第二届中国 STEM 教育发展大会在广东省深圳市举行。大会以“跨界新教育 · 构建新生态”为主题，深度聚焦 STEM 教育的实践路径探索、STEM 教育与创新人才选拔培养、STEM 教育的评价与测量、STEM 教育的课程重构、中国 STEM 教育 2029 行动计划以及 STEM 教育新生态六个方面的内容。

本次大会在注重新观点交流的同时，更加注重新实践的分享；在注重与会者高质量的同时，更加注重与会者的参与和互动。大会在两场主论坛的基础上，设置了六个不同主题的分论坛，预设了包括“课程开发与整合”“跨学科理解与实践”“教学实践”“空间设计”等多维度展示 STEM 教育发展的 STEM 场景化实战平行工作坊，开设了以“课堂透视”“教师培养”“创新机‘育’”“教学资源”为主题板块的 STEM 教育创新集市。

大会公布了首批入选 STEM 领航学校、种子学校和种子教师名单。

83 第三届中国STEM教育发展大会的内容是什么?

2019年10月18日至21日,第三届中国STEM教育发展大会在陕西省西安市举行。大会以"融合的力量——STEM与学科教学"为主题,围绕"如何因地制宜开展STEM教育、如何突破STEM课程与教师匮乏两大瓶颈、STEM教育如何实现与学科教学的融合、如何协同社会资源开展STEM教育、如何打造有机的STEM教育生态"等专题,通过主旨论坛、院士讲堂、场景化工作坊、方案展示活动等多种形式,传播STEM教育最新理念,分享STEM教育成果,探讨STEM教育发展之路。

中国教育科学研究院STEM教育研究中心王素主任在以"融合的力量——智能时代的STEM教育"为主题的报告中,从国家安全、经济发展、培养未来人才、新时代教育改革四个维度阐释了加强STEM教育的紧迫性。

大会发布了《中国STEM教育调研报告》,深度刻画了我国STEM教育一线的实践全景,以及STEM在未来教育中的关键性影响力与发展潜力。

84 第四届中国 STEM 教育发展大会的内容是什么？

2021 年 4 月 17 日，以“学习无边界，师生共成长”为主题的第四届中国 STEM 教育发展大会启动仪式在北京召开。

大会以教师成长为核心，通过科研与培训相结合、线上与线下相结合，以全新的组织方式构建学习共同体，设置了未来生活、现代能源、新农业、深空探测和人工智能五个挑战主题，让教师携手学生共同参与三轮任务的挑战。大会邀请全国各领域的专家组建导师团、共创式教练团和评审团，共同助力师生成长和区域 STEM 教育发展。

共有来自 21 个省、72 个市的逾 400 支队伍根据五大主题提交了有效作品，参会队伍学段涵盖幼儿园、小学、初中、九年一贯制学校、高中、完全中学和职业高中。最终，大会遴选出全国“STEM 种子教师”和“STEM 种子学校”，并将立体化形成《中国 STEM 教育 2029 行动计划》丛书等成果，辐射推动中国 STEM 教育的发展。

85 什么是《中国 STEM 教育白皮书》?

在第一届中国 STEM 教育发展大会上，中国教育科学研究院 STEM 教育研究中心发布了关于探索和推进中国 STEM 教育的指导手册——《中国 STEM 教育白皮书》，标志着我国 STEM 教育开始走向更加全面、专业、成熟的发展道路。

白皮书是我国 STEM 教育最全面、专业、翔实的研究成果，详细阐述了我国发展 STEM 教育的时代背景和国际背景，深入分析了我国 STEM 教育的发展成就及面临的挑战，指出了 STEM 教育迫切需要解决的根本问题（包括缺少 STEM 教育战略高度的顶层设计；社会联动机制不健全；缺少打通学段的整体设计；标准与评估机制尚未建立；STEM 师资队伍整体水平不高；缺乏国家级项目的示范引领等）。

同时，为进一步发挥 STEM 教育在促进科技创新和提高国家竞争力中的基础性和先导性作用，针对我国的具体情况，白皮书提出了“中国 STEM 教育 2029 创新行动计划”，明确了具体的行动方案，并全面探析了美国、英国、德国等发达国家的 STEM 教育发展现状和发展模式，对我国 STEM 教育的发展具有重要的指导和借鉴意义。

86 什么是《STEM 教师能力等级标准（试行）》？

2018 年 5 月 8 日，中国教育科学研究院 STEM 教育研究中心发布了《STEM 教师能力等级标准（试行）》。该标准是规范与引领 STEM 教师在教育教学中有效开展 STEM 教育活动的准则，可作为各学校开展 STEM 教育、STEM 教师培训、STEM 教师评价等工作的重要依据。

该标准结合我国 STEM 教育发展实际，从 STEM 教育价值理解、STEM 学科基础、STEM 跨学科理解与实践、STEM 课程开发与整合、STEM 教学实施与评价等五个维度对 STEM 教师提出了明确要求。其中，前三个维度是对 STEM 教师的职业道德、专业知识、跨学科理解等内在的个人禀赋及素养的评价指标，后两个维度是对 STEM 教师在课程开发、教学实施、反馈评价、环境创设等相关 STEM 教育环节的评价指标，充分体现了对 STEM 教师德才兼备、知行合一、内外兼修的素质要求。

该标准旨在为我国 STEM 教师专业发展提供科学指导，促进 STEM 教师队伍的专业化发展。同时，解决 STEM 师资培训缺少框架和依据的问题，推进 STEM 教育培训工作的专业化和标准化。

87 “中国STEM教育2029创新行动计划”的主要内容是什么？

（1）促进STEM教育政策顶层设计。STEM教育是培养创新型人才的一个重要途径，对国家未来发展具有不可忽视的重要作用。因此，在国家层面进行相应的顶层设计是非常关键的。

（2）实施STEM人才培养畅通计划。科技创新人才培养是一项系统性、长期性的工程，需要根据国情整体布局，促进各学段教育连贯一致，各类型学校相互配合，突出重点、抓住关键、有序推进。注重培养中小学生对STEM教育的兴趣，奠定必要的基础；引导职业学校学生树立工匠精神，强化STEM技能技术训练；鼓励大学生积极投身于STEM领域，提高科技创新能力和就业创业能力；完善STEM教育课程教学体系，促进各学段STEM教育的有效衔接，打通学生成长关节，疏通学生学习渠道，融通学生学习内容。进一步优化STEM教育活动，提高相关活动的吸引力、科学性和教育质量，为每一位学生参与STEM活动提供保障。

（3）建设资源整合和师资培养平台。STEM教育更提倡用跨学科方法解决真实世界的具有挑战性的问题，要打破学科之间的壁垒，使学生获得多学科解决问题的教育经验。为了实现这一目标，需要加强具有跨学科背景的师资力量的培养，尤其是针对 STEM 教育相对落后地区和群体的师资培训，帮助教师们获得多学科 STEM 学习经验，提高关于科学、数学和技术的本质认识和科学素养，并提倡教师们将 STEM 教育融入课堂教学中。通过成立专业教师培训平台，吸引全国高校及地区教师培训机构加入，共同打造 STEM 师资培训高地。

(4) 建设 STEM 课程标准与评价体系。目前中小学采用最广泛的课程模式是分科教学。然而，要让学生为未来的职业发展做好准备，就必须让他们超越学科的界限进行思考。因此，STEM 教育的课程设计应该使用“整合的（integrated）课程设计模式”，即将科学、技术、工程和数学等整合在一起，强调对知识的应用和对学科之间关系的关注。在 STEM 教育中，学生需要不断地评估自身的兴趣点、经验和才能，通过基于现实的项目，在深度和广度上应用跨学科的知识和技能。

(5) 打造一体化 STEM 创新生态系统。对 STEM 教育的经济投入、媒体宣传和多方参与是其可持续发展的基础，也是可以吸引学生参与的重要方式。各种社会力量可以相互协作，建立基于地区特色的 STEM 实践社区。同时，博物馆、青少年宫、科技馆等社会机构也应积极开放空间，成为 STEM 教育非正式学习的组成部分。媒体负责加强 STEM 教育的宣传报道，推动形成全社会重视的STEM育人环境，构建一体化STEM创新生态系统。

（6）打造服务经济的教育与人才战略高地。STEM教育的核心目标正是为国家培养高素质的劳动力，服务于经济发展。企业是经济发展中最具活力的单元，对科技创新人才具有强烈的敏感性、自主性和迫切需求性，故而应正确引导企业积极参与教育改革，加强企业与STEM教育的联合，发挥企业界对教育发展的支持作用，打造人才战略规划高地，发布STEM各行业人才报告。

（7）推广STEM教育成功模式。支持科技创新人才流动，解决未来对新技能的需求，分享最佳实践案例研究，包括广泛提供STEM教育，继续重视并支持女性群体在科技创新活动中的作用。另外，还需要思考STEM教育的推广和规模化，增加社会参与路径、宣传力度和资金投入，将STEM教育和学校教育、创客教育、实践社区等方面结合起来，促进STEM教育的参与性、共享性和普及性。

88 “中国 STEM 教育 2029 创新行动计划”的价值体现在哪里？

2018 年 5 月 15 日，“中国 STEM 教育 2029 行动计划启动仪式暨新闻发布会”在北京举行。该计划以“协同、合作、开放、包容、创新”为指导原则，分为“智库引领”“标杆计划”和“共识行动”三块主要内容，包括促进 STEM 教育政策顶层设计，实施 STEM 人才培养畅通计划，建设资源整合和师资培养平台，建设 STEM 教育相关标准与评价体系，打造一体化 STEM 创新生态系统等研究、实践与评价项目和活动。

该计划旨在整合社会资源，建立一个由政府部门、科研机构、高新企业、社区和学校共同构成的中国 STEM 教育生态系统，打造若干理念先进、特色鲜明、质量领先的 STEM 教育示范基地，培养一批优秀的 STEM 教育师资，并向世界展示具有中国特色的 STEM 教育实践经验。

该计划是专家学者共同针对中国国情提出的对未来十余年 STEM 教育的展望，对 STEM 教育普及具有明确的指向性，也将提供具体实例来帮助应对目前STEM 教育所存在的挑战。

环球视野篇 ▶

89 美国推进STEM教育的主要政策有哪些?

美国作为STEM教育的发源地，经过30多年的发展，构建了由国家、州政府、研究机构和非营利机构组成的STEM教育共同体，形成了推进STEM教育发展、培养创新型人才的庞大教育生态体系。在此过程中，美国颁布了一系列法案和相关政策来保证STEM教育的实施。

1986年，美国国家科学委员会发布《本科的科学、数学和工程教育》（Undergraduate Science, Mathematics and Engineering Education）报告，首次明确提出“科学、数学、工程和技术”教育的纲领性建议，是美国第一个关于STEM教育的政策指导文件，被视为STEM教育的开端。该报告肯定了科学、数学、工程和技术教育的突出地位，对STEM教育的发展提出了指导性意见。

1996年，美国国家科学基金会发布了《塑造未来：透视科学、数学、工程和技术的本科教育》（Shaping the Future: Strategies for Revitalizing Undergraduate Education）报告，并提出今后的“行动指南”。报告针对新的形势和问题，对学校、地方政府、工商业界和基金会提出了明确的政策建议，旨在快速实现振兴本科教育的目标，制定可实施的战略，以改善科学、数学、工程和技术的本科教育，并重点关注 K-12 阶段 STEM 教师师资的培养。

2006 年，美国国会发布了《美国竞争力计划》（American Competitiveness Initiative，ACI），通过加大在科学技术领域的投资力度来提高美国的创新力及在全球范围内的竞争力。该文件是关于 STEM 教育的重要政策文件，指出知识经济时代教育的目标之一是培养具有 STEM 素养的人才，并称 STEM 素养为全球竞争力的关键。此后，美国的 STEM 教育进入快速发展阶段。

2007 年 10 月，美国国家科学委员会发布《国家行动计划：应对美国科学、技术、工程和数学教育体系的重大需求》（National Action Plan for Addressing the Critical Needs of the U.S. Science，Technology，Engineering and Mathematics Education System）。该计划针对美国教育面临的主要挑战，提出了两方面的措施：一是要求增强国家层面对 K-12 年级和本科阶段的 STEM 教育的主导作用；二是提高教师的水平和增加相应的研究投入。这一报告显示了美国的 STEM 教育从本科阶段延伸到中小学教育阶段，希望从中小学就开始实施 STEM 教育。

2009 年，美国国家科学院发布了由国家工程院和国家研究委员会组成的“K–12 年级工程教育委员会”提出的研究报告《K–12 教育中的工程：理解现状和改进未来》，提出中小学实施工程教育的三项原则和七条政策建议，其中的建议七提出：“国家科学基金会和美国教育部应该支持研究‘STEM 素养’的特征和界说。研究者不仅要思考科学、技术、工程和数学的核心知识，还要思考连接这四个学科领域的大概念。”这是我们理解科学、技术、工程和数学作为各自相对独立的学科的基础。

2010 年，美国总统科技顾问委员会向总统提交名为《培养与激励：为美国的未来实施 K–12 年级科学、技术、工程和数学教育》（Prepare and Inspire:K–12 Education in Science,Technology,Engineering and Math (STEM) for America’s Future）的报告，指出要改革 STEM 教育就必须重视培养与激励。报告提出在未来 10 年招收和培养 10 万名优秀的 STEM 教师，创建 1000 所专注 STEM 教育的新学校（中小学 800 所，高中 200 所）。此后，STEM 教育广为人知。

2011 年，美国国家科学院研究委员会发布《成功的 K–12 阶段 STEM 教育：确认科学、技术、工程和数学的有效途径》（Successful K–12 STEM Education：Identifying Effective Approaches in Science，Technology，Engineering，and

Mathematics）的报告，提出了在中小学实施STEM教育的三个主要目标：扩大STEM学生人数、扩大STEM劳动力队伍、增强所有学生的STEM素养，并确立了提高学生对STEM兴趣、扩张STEM人才（如女性、少数族裔）、全面提升公民STEM素养等目标。

2015年10月，时任总统签署《STEM教育法（2015年）》（STEM Education Act of 2015）。根据该法，虽然STEM教育的英文拼写不做改变，但明确将计算机科学列入STEM教育类别。该法要求在国家科学基金会的奖学金项目中增加对数学、科学教师的培训及研究支持，并加强对社会机构开展STEM教育的研究，进一步探索如何加强校外STEM教学。这有利于鼓励博物馆、科普中心等机构提供更多非正式的科学教育项目。此法案的通过预示着联邦政府即使在未来扩大重点发展的学科范围，也可能继续保留对于“STEM”的写法。

2016年9月，美国研究所与美国教育部联合发布《STEM 2026：STEM教育创新愿景》（STEM 2026：A Vision for Innovation in STEM Education），激励各方积极行动，帮助政策制定者、研究人员、教育者、行业领导者以及公众共同进行STEM教育实践，旨在推进STEM教育创新方面的研究和发展，并为之提供坚实依据。该报告提出了六个愿景，力求在实践社区、活动设计、教育经验、学习空间、学习测量、社会文化环境等方面促进STEM 教育发展，以确保各年龄阶段以及各类型的学习者都能享有优质的STEM 学习体验，解决STEM 教育公平问题。

2018 年 12 月，美国国家科学技术委员会STEM 教育委员会发布了《制定成功路线：美国的STEM 教育战略》（Charting a Course for Success：America's Strategy for STEM Education）报告，并将其定名为“北极星计划”。该报告提出未来五年美国STEM 教育的行动愿景及实现路径，为美国联邦机构优先安排其投资和机构间协调与协作活动提供了总体指导。该报告提出三个理想目标：一是为培养STEM 素养打下坚实的基础，保障每个人都能拥有掌握基本STEM 概念的机会，比如计算思维，以应对技术变革；二是在STEM 教育中增强多样性、公平性与包容性，让所有人都终身有机会接触高质量的STEM 教育；三是为未来的STEM 劳动力做好准备，无论是接受高等教育的从业者，还是不需要高等教育的技术领域工作的从业者，都要为其创造更多的STEM 学习机会。

2020 年 5 月，美国国家科学委员会发布《美国国家科学委员会：2030 愿景》（National Science Board：Vision 2030）报告，其愿景之一就是为STEM 人才提供充足的发展机会。报告对未来美国保持技术优势提出了以下七项重点工作：（1）为推动美国创新经济发展和保持世界科研领先地位进行必要的投资；（2）保证美国仍能吸引到全球顶尖的人才；（3）美国科学家和工程师应建立全球通用的科学价值体系；（4）提升劳动力的科学、技术、工程和数学技能；（5）政府、产业界和学术界应共同保障国家性研发事项的优先地位并加快研发和创新周期；（6）根据地区人口、地理环境特征因地制宜地建立科学工程产业；（7）以基础研究推动创新，推动全球科研实践演进。

90 什么是美国的“创新教育”计划?

2009 年 11 月 23 日，美国时任总统宣布启动“创新教育”计划（也叫“为创新而教”计划）。计划有三个目的：一是提高学生的素养，让所有学生都能够深入科学、数学、技术和工程领域并且具有批判性思维；二是在未来 10 年中把美国学生的 STEM 水平从目前的中等水平提高到顶峰；三是扩大弱势群体，包括妇女和女童接受 STEM 教育及就业的机会。为了实现上述目标，美国时任总统提出以下具体措施加以推进：

(1) 在接下来的 5 年时间内，将对一万多名未来的新教师提供更多培训，同时也将支持目前十万多名 STEM 领域教师的专业发展。五个相关部门承诺将提供超过 2.6 亿美元的财政和实物支持。

(2) 白宫每年将举办科学展，表扬在科学、技术及机器人学等领域的竞赛中获奖的学生。

为了响应美国时任总统的计划，2010 年 1 月 18 日，英特尔公司宣布将在未来 10 年内投入 2 亿美元，用以推动数学和科学教育的发展。

91 美国《新一代科学教育标准》的基本框架和特点是什么?

2013 年 4 月 9 日，美国《新一代科学教育标准》颁布实施。该标准是在 2011 年 7 月发布的美国《K−12 科学教育框架：实践、跨学科概念、学科核心思想》的基础上制定的，注重围绕学科核心概念展开，注重跨学科共通概念的学习和科学与工程的实践，对教学内容的整合性、课程设置的连贯性、教学过程的实践性、教学目的的人本性都做出了一定的要求。

标准要求科学教育课程应帮助学生在以下四个方面得到长足发展：懂得对自然界的科学解释，会运用和阐释这些解释；能够收集和评估科学证据和解释；理解科学的本质和发展；能够有成效地参与科学实践和讨论。为实现这些能力发展的要求，标准首次提出了三维整合的框架体系，即科学与工程学实践、学科核心概念和跨学科共同概念三者有效地整合。学科核心概念是三维目标的核心，科学与工程学实践、跨学科共同概念强化了学科核心概念，增强了学生的理解能力和实践能力。

92 什么是《K–12 年级 STEM 整合教育：现状、前景和研究议程》？

2014 年，美国 STEM 整合教育委员会发布了《K–12 年级 STEM 整合教育：现状、前景和研究议程》，对 K–12 年级 STEM 教育的整合提出了 10 项建议，提出“STEM 整合教育远不是单独的、定义明确的经验，它包括一系列不同的体验，设计有一定程度的联系。这些体验可能发生在一个或几个课时内，贯穿整个课程，体现在单一学科或者整个学校中，包含于校外活动中”。

通过该文件对 K–12 年级 STEM 教育整合提出的建议，我们对 STEM 教育的整合有了更为全面的认识，更加明确了 STEM 教育不应局限于四门各自独立的学科，应更关注其“整合”的意义和价值。同时，我们还得到了三点重要的启示，即：（1）整合必须目标明确；（2）支持学生学习单个学科的知识；（3）整合并不一定越多越好。

93 美国在K-12阶段实施STEM教育的具体措施有哪些？

（1）制定多层次的课程标准。美国K-12阶段每一门课程都有详细的规划和操作标准。具体到STEM教育，不同年级、不同课程也有详细的标准，还有与之配套的解释性文件。在全国性标准的框架下，美国各州根据自身的实际情况，设计州一级的STEM教育方案，因地制宜地开展STEM教育。各学区、学校也发挥自身的优势，制定自己的实施标准，形成各自的STEM教育特色。

（2）加强STEM课程融合。美国现行的科学、技术、工程、数学标准均呈现出不同程度的学科融合倾向。如2012年的《K-12科学教育框架》强调“科学”与“工程”的融合，强调科学教育的跨学科性。项目式学习是美国STEM教育中实现课程融合的一个重要方式，并且特别关注人文社科类课程对K-12阶段STEM教育的促进作用。

（3）社会力量广泛参与。除了联邦政府和州政府，美国的教育机构组成的团体、企业团体和公益组织等在促进K-12阶段STEM教育方面发挥着重要的作用。如美国国家工程院(NAE)的工作内容之一就是为K-12工程教育提供前沿思想，鼓励学生参与到创新性学习中，通过一系列项目，使 K–12 阶段的工程教育与大学教育逐步接轨，将视野拓展到整个 STEM 领域，进而推动 K–12 阶段 STEM 教育的发展。

(4) 建立多种保障机制。不仅对 K–12 阶段 STEM 教师的资格标准提出要求，而且努力增加 STEM 教师的数量，开展各种形式的 STEM 领域教师培训，对表现优异的 STEM 教师给予激励。美国联邦政府、社会团体、企业等还注重对 STEM 教育经费的投入，对少数族裔、女性及家庭贫困者等弱势群体加强STEM 教育,鼓励他们在未来从事STEM 相关工作。

(5) 加强与大学 STEM 教育的衔接。美国在 K–12 阶段开设的一般课程、实践课程和课外活动环节都注重与大学 STEM 教育衔接。为了培养更多的 STEM 创新人才，越来越多的美国大学与中学建立了密切的联系。不仅如此，美国还通过制定各种政策来保障 K–12 与大学的衔接，《不让一个孩子掉队法案》就是其中之一。

(6) 成立专门的 STEM 学校。STEM 中学是美国 K–12 阶段 STEM 教育中的一个特色。美国最早的 STEM 中学是史蒂文森中学。STEM 中学由最初的培养技术工人，服务于美国经济的发展，逐渐演变成为培养 STEM 领域人才的精英教育学校。这些学校在美国有较大影响力，是美国培养高层次人才和创新型人才的重要方式。

94 英国开展 STEM 教育的举措有哪些?

英国的科学与数学教育一直处于世界领先水平。在 STEM 教育越来越受到世界各国普遍重视的背景下，英国政府为继续保持其研究与技术领域的领先地位，激励下一代热衷于学习科学、技术、工程及数学学科，采取了一系列政策和实践举措推进 STEM 教育，支持学生学习 STEM 课程。例如：2002 年 4 月，英国财政部发布《迈向成功：科学、技术、工程、数学领域人才的供应》，该报告认为 STEM 教育有助于提升整个社会的生产力与技术创新水平，英国应将发展 STEM 教育置于优先发展事项。2006 年，英国在科学与创新投资框架中提出，要增加 A–Level 考试中物理、化学、数学的学生参与人数；在 2012 年 12 月发布的《2010~2015 年国家政策：公众对科学和技术的理解》中，鼓励学校进行科学教育，资助并支持学生学习 STEM 课程。

英国政府还开展了内容丰富、别具特色的 STEM 相关项目和活动，以促进 STEM 人才的培养。如：

（1）"Your Life"。这是一个三年计划，旨在帮助年轻人获取数学和科学知识，以便其在全球竞争日趋激烈的环境下获得成功。

(2) STEMNET。这是英国为提高年轻人对科学、技术、工程和数学兴趣而设立的组织，旨在帮助年轻人学习 STEM 课程，开拓他们的创造力、问题解决能力和技术能力。

(3) 国家科学与工程竞赛。该竞赛对英国全日制 11~18 岁学生开放，寻找并奖励在 STEM 学科取得优异成绩的学生。

在 STEM 教师教育方面，英国政府从经费和制度方面为其提供保障。2007 年，英国发布《力争上游：对政府科技创新政策的反思与回顾》，强调在全国范围内开展大型 STEM 教师招募活动，简化招聘程序，为新教师提供培训和指导，从而提高 STEM 教师数量和资质。2018 年，英国发布《2017~2018 年职前教师培训奖学金指南》，为所有参与职前培训的教师提供丰厚的奖学金。为解决 STEM 教师普遍缺乏的问题，英国主要采取了以下几项措施：

(1) 拓宽招聘渠道，实施海外招聘计划，为招聘海外教师提供多种便利条件。

(2) 设立奖学金制度，吸引优秀人才从教。

(3) 广泛开展 STEM 项目，为教师提供在职培训。国家科学学习网络、国家 STEM 学习中心和皇家工程学院等官方机构都开展了 STEM 教师培训项目。

(4) 提高教师薪资待遇，设立教学责任奖。

95 德国开展 STEM 教育的举措有哪些？

德国历来以其完善的职业教育体系而著称，其稳定的工业很大程度上依赖于国家对职业教育的重视，而增加 STEM 劳动力是德国开展 STEM 教育的核心目标之一。在德国，STEM 教育被称为 MINT（Mathematik，Informatik，Naturwissenschaft，Technik），即数学、信息技术、自然科学和工程技术。德国在其发布的《2012~2013 年德意志联邦共和国的教育体系》中认为，在教育系统的所有学段中，MINT 教育都是极其关键的。

德国开展 MINT 教育的主要动因在于缺乏高质量的综合性劳动力，德国在政府报告中多次提到“需要用 MINT 教育来弥补该缺陷”。2012 年，德国联邦教育及研究部发布《MINT 展望——MINT 事业与推广指南》调查报告，指出“保证劳动力的数量和质量是联邦政府活动的重心”。因此，德国开展的 MINT 教育与职业教育紧密挂钩，主要目标是吸引优秀的学生在数学、信息、自然科学和技术类等相关专业深造，进而在相关岗位就业。

德国将专业技术人才的创造力视为解决当前科技发展中遇到的问题、迎接未来挑战的核心，所以希望将 MINT 教育与终身教育结合起来，创造一种可持续发展的 MINT 教育。德国的 MINT 教育贯穿学前教育、高等教育和职业教育的全部过程和领域，中小学阶段的 MINT 教育更关注学生在 MINT 职业上的兴趣和发展；强调跨领域、跨部门的多方协作，在不同学段进行课程的整体设计，加强相关领域的师资培训和能力提升；在基础教育阶段制定相关学科新的教育标准，启动了一批涵盖学前教育、基础教育、高等教育以及职业技术教育的 MINT 促进项目。

德国在多个政府报告中提及 MINT 教育及相关领域，意图借助政府的支持推动 MINT 的实施。其主要措施包括：将资优教育纳入科教政策；设立特殊课程；为资优学生设立特殊学校；为优秀学生提供特殊项目；为优秀大学生建立支持网络；设立公共基金和奖学金；培养资优学生和年轻人的私人组织；举办国际和国内 MINT 比赛；设立德国学生科学院等。

2019 年 2 月，德国政府制定了新的“MINT 行动计划”，主要从四个方面加强理工科教育：加强针对儿童和青少年的理工科教育；培养理工科专业技术人才；增加女性接受理工科教育的机会；扩大理工科专业在社会中的应用。德国联邦教研部还将为该行动计划提供 5500 万欧元的资金支持。

96 芬兰开展STEM教育的举措有哪些？

芬兰教育的成功在一定程度上也与其对STEM教育的重视息息相关。芬兰政府、大学与中小学、工商企业、社区、家庭等多方机构共同合作，积极推动STEM教育发展，并在1996~2002年期间发起了以“LUMA”为代表的全国性STEM教育促进项目。LUMA是“Luonnontietee”（芬兰语，意为自然学科）和“Mathematics”（数学）两个词的缩写，可以理解为芬兰社会语境下的STEM。LUMA是一项国家级的数学和科学教育发展项目，由芬兰教育部组织开展，是芬兰开展STEM教育的最大平台，旨在改进STEM教育实践和增强学生对这些学科的学习兴趣。

芬兰首个LUMA中心于2003年在赫尔辛基大学成立，其他类似的LUMA中心自2007年以后在芬兰的不同大学陆续成立。2013年11月，芬兰成立了国家LUMA中心。该中心成为全国范围内不同大学各分支LUMA中心的总协调部门，旨在促进和支持从幼儿园到大学所有层次的教育机构、工商企业部门、教育行政部门、博物馆、科技中心、教师组织、媒体、学生、家长及其他相关组织和个体，共同围绕STEM教育开展国内及国际合作；鼓励儿童和青少年进入STEM领域，支持教师终身学习和研究型教学，提升教师的 STEM 学科教学能力。

国家 LUMA 中心鼓励所有的合作机构和个体自由开放地分享他们的创意、优秀经验和实践做法，鼓励和支持儿童、青少年和教师形成一定的社群组织，为他们提供相应的与大学和工商业界的科技社群开展互动的机会。

LUMA 项目有很多成功的活动形式，如 STEM 俱乐部、黄金时代少年营，以及针对 3~19 岁儿童和青少年量身打造的在线杂志等。所有这些非正式的 STEM 教育活动，通过向学生展示 STEM 教育同他们的密切联系，使他们学到日常生活和未来工作中可能需要的 STEM 知识和技能，从而提升他们对 STEM 的兴趣。不管是俱乐部还是营地教育活动，活动组织者都注重对 ICT 技术和工具的使用，包括拍照、摄像、剪辑以及通过建模和可视化技术来学习和认识某些现象等。参加这些活动的青少年往往会形成自己的作品（如稿件、照片和视频），成为 LUMA 网络在线杂志的重要内容。

LUMA 项目开展的 STEM 教育活动丰富多彩，但多数活动是学校常规教育课程之外的，一般在学生放学后或假期进行。这些活动充分利用现有基础设施和社区环境，精心设计活动流程，创设出以学生为中心的、基于现象和问题的、情境式的学习氛围，为儿童和青少年带来沉浸式的 STEM 学习体验、探索的乐趣以及知识与技能的提升。

97 澳大利亚开展STEM教育的举措有哪些？

2012年，澳大利亚出台了第一份STEM相关文件《国家利益层面上的数学、工程与科学》，从基础教育、高等教育、启发式教学、教师资格认证和公民科学素养五个方面系统地分析了澳大利亚在STEM领域所面临的危机。

2013年，澳大利亚发布了《国家利益中的STEM战略》，制定了2013~2025年战略发展目标。其中《澳大利亚提升战略》决定采取以下措施：培养STEM专业教师，提高学生的STEM素养，提高课程设计的科学性和合理性，加强与国家课程标准的联系，保证人才培养模式与市场需求相适应。2014年，澳大利亚颁布了《STEM：澳大利亚的未来》，对STEM教育和培训做了详细的规划。2015年12月，澳大利亚联邦政府发布《国家创新与科学议程》，其中的“提高所有人的数字化素养STEM一揽子计划”涉及经费总额达1.12亿美元。该计划提出一系列举措，以提高学生和社区在科学、技术、工程和数学上的参与度，从而提高学生的数字化素质。同月，澳大利亚教育委员会通过了《STEM学校教育国家战略2016~2026》。该战略提出了一系列长期计划，旨在通过国家战略行动，提高学生在 STEM 学习领域的基础技能，发展数学、科学和技术素养，确保所有学生在完成学业时具备扎实的 STEM 基础知识和相关技能，并且激励学生在高中阶段学习更具挑战性的 STEM 课程；让学校与高等教育部门和工业部门合作，鼓励学生发展更高水平的 STEM 能力，培养学生在高等教育阶段参与 STEM 学习以及未来从事 STEM 相关的职业的愿望。2018 年，澳大利亚教育研究委员会发布了《澳大利亚学校中 STEM 学习的挑战》，该报告概述了澳大利亚中小学 STEM 教育在学生发展、教师队伍和课程整合中面临的挑战，并基于国家层面采取措施，为中小学有效实施 STEM 教育提供保障。

除了国家政策方面，澳大利亚还从社会参与、资源整合和教师培养等方面推进 STEM 教育，均取得了较好的效果。例如：政府通过与大学和产业合作，收集和开发在线示范性教学模块，支持最佳 STEM 教学实践的实施，建立 STEM 职业学习交流平台，帮助小学和中学教师学习 STEM 学科内容；通过大量合作项目整合学校和产业资源，共同支持学生参与 STEM 教育；实施国家职前教师教育标准，吸引更多的 STEM 毕业生进入教师队伍。

98 爱尔兰开展 STEM 教育的举措有哪些?

爱尔兰政府联合教育部门制定了一系列的 STEM 教育政策，并为 STEM 人才培养提供强有力的支持。

2013 年 11 月，爱尔兰成立 STEM 教育评审组，旨在对爱尔兰 STEM 教育进行全面的审查，为国家层面的 STEM 教师学习框架提供一系列的改革建议，以确保和维持科学家、工程师、技术专家和数学家的高质量水平。

2015 年，爱尔兰发布“创新 2020”计划，指出：“爱尔兰青年的教育必须以一个高价值和高技能的教师职业为基础，一个统一的 STEM 教师专业发展战略将确保各学科教学的一致性。”

为了支持 STEM 教育的高质量发展，爱尔兰教育部于 2017 年发布《STEM 教育政策声明 2017~2026》，提出 STEM 教育在课程目标与评估、教师专业发展及数字技术嵌入等方面的十年愿景，是爱尔兰继 2016 年发布《STEM 教育实施计划 2017~2019》和《爱尔兰学校体系中的 STEM 教育》之后的又一重要文件，体现出爱尔兰近年来在 STEM 教育领域希望为学习者提供最有效且最具吸引力的教学和评估环境，并致力于在未来实现 STEM 教育从跟随者转向为“欧洲最好的教育和培训系统”的领跑者的目标。

在具体操作方面，爱尔兰在 STEM 教育上采取了许多行之有效的举措。例如：课程整合是爱尔兰 STEM 教育长期追求的目标之一，其 STEM 课程整合具有以下特征：（1）追求真实语境中的跨学科性，旨在加深学生对多学科领域的概念理解，灵活应对未来具有挑战性和复杂性的社会环境；（2）注重儿童的情感体验，强调儿童通过多种感官和创造性体验，自然地参与到 STEM 早期的探索中，以促进儿童与多学科知识的联结，在体验中激活创新思维；（3）在 STEM 学习方式、教学内容和课程形式的丰富性上注重艺术教育与 STEM 学习的融合；（4）重视数字技术在 STEM 教育实践中的应用，以培养基础教育阶段学生的技术素养；（5）注重学校之间以及学校与 STEM 教育研究机构在学科方面的技术合作与网络共享。

爱尔兰 STEM 教师专业发展模式受到终身学习的理念影响，将教学作为一种学习职业的明确期望，而专业发展是提高教师教学实践水平、促进学生学习最有效的途径。爱尔兰课程委员会表示，未来的 STEM 教育从教学内容的明确说明转向更通用的、以技能为基础的学科知识与方法，相应的教师发展课程的设置应趋向于如何发展儿童的好奇心，如何激发儿童的批判性思维，如何提高儿童解决问题的能力。

99 日本开展STEM教育的举措有哪些？

日本在STEM领域的专业人才缺口并不十分严重，其加强STEM教育的目的在于提高学生的学业成绩。

1998年，日本针对中小学推行了“宽裕教育”政策，大幅缩减课时数、精简教学内容，力图营造宽松的学习环境，培养学生的“生存能力”，但却导致日本中小学生的学业成绩不断下降。日本政府将这种后果归结为基础教育薄弱，开始关注美国的STEM教育以寻求解决途径。所以说，加强STEM教育是日本改善学生学业成绩的重要举措。

而在1998年，日本就在小学到高中的所有学段推行了“整合性学习”，学校拥有较大的灵活性，可以确定课程的时长、主题和材料等，鼓励学生根据自己的兴趣进行调查，将技术融入学习活动中。2002年，日本启动了超级科学高中项目，以科学、技术和数学为重点的学校可以获得“SSH”称号并得到日本科学技术厅的资助，旨在为国家培养更多先进科学技术领域的人才。日本也非常注重对STEM学科教师的培养，于2002年5月修订《教育人员认证法》，为扩大STEM专业教师队伍，采取了更加灵活的教师认证制度，允许初高中教师在小学教授科学、数学和其他学科。

日本较倾向于通过传统教育改革与创新、国际合作两个方面加强 STEM 教育，即：加强 STEM 基础教育质量，修改课程大纲，增加中小学阶段 STEM 学科的课时和内容，其中初中阶段增加了约三分之一的 STEM 相关课程；鼓励 STEM 教学创新项目申请；设立 STEM 精英教育专项基金；加强 STEM 教育师资队伍建设；支持和鼓励女性投身 STEM 教育及相关职业；与美国开展 STEM 教育合作，派遣学生交流互访。日本小学阶段的 STEM 教育相对侧重 STEM 研究型人才的培养，增加学生对 STEM 相关学科的兴趣和热情，高中阶段则实施 STEM 精英教育。

虽然日本未曾在正式的政府文件中提到“STEM 教育”一词，但是日本的非官方机构却在积极地推广 STEM 教育，最引人注目的就是日本 STEM 教育学会，旨在通过会议、出版物、与国内外组织合作、研究收集 STEM 教育信息、进行 STEM 教育研究和实践等项目来促进日本的 STEM 教育实践，其成员已经开展了许多关于促进 STEM 教师发展的研究和实践。

100 韩国开展STEM教育的举措有哪些?

在韩国，不管是官方机构还是学术界，都更倾向于使用“STEAM”一词来指代STEM教育，原因主要是韩国学生虽在STEM学科中取得了良好的学业成绩，但是对其学习兴趣却很低，因此，韩国更加期望在STEM教育中融入艺术学科，以提高学生对STEM学习的兴趣。

韩国第一个强调STEM教育的政策是由韩国教育科学技术部发布的《第二个培养和支持科技人力资源基本计划（2011~2015年）》，旨在通过STEM教育为创新型经济培养人力资源，STEM教育策略主要包括在中小学推广STEM教育以及提供一个有利的研究环境。

2011年，韩国教育部颁布《搞活整合型人才教育（STEAM）方案》，提出实施以数学和科学为中心，实现与工程技术相结合的STEAM课程，培养适应社会发展的具有STEAM素养的综合型人才。方案同时归纳了四类STEAM课程的实施方案，为各中小学实施STEAM课程提供指导。韩国政府指定和扶持整合型人才教育示范学校，也是推动开展整合型人才教育的重要手段。从此，STEAM教育在韩国得到快速发展。

韩国为增强国家科技竞争力而引入整合型人才教育的概

念，从中小学时期就对学生进行 STEAM 素养教育，培养了中小学生的知识整合应用能力与科技创新能力，为提升国家竞争力奠定了青少年人才基础。

参考文献

[1] [美]阿尔帕斯兰·沙欣．基于实践的 STEM 教学模式——STEM 学生登台秀[M]. 侯奕杰，朱玉冰，译．上海：上海科技教育出版社，2016.

[2] [美]埃里克·布伦赛尔．在课堂中整合工程与科学[M]. 周雅明，王慧慧，译．上海：上海科技教育出版社，2015.

[3] 柏毅，庞谦竺，信疏桐．STEM 教育评价的内容与策略[J]. 中国民族教育，2018(Z1)：22–25.

[4] 陈强，赵一青，常旭华．世界主要国家的 STEM 教育及实施策略[J]. 中国科技论坛，2017 (10) :168–176.

[5] 陈如平，李佩宁．美国 STEM 课例设计（小学卷）[M]. 北京：教育科学出版社，2018.

[6] 邓磊，战德臣，姜学锋．新工科教育中计算思维能力培养的价值探索与实践[J]. 高等工程教育研究，2020 (02) ：49–53.

[7] 杜文彬，刘登珲．美国整合式 STEM 教育的发展历程与实施策略[J]. 全球教育展望，2019 (10) :3–12.

[8] 傅骞，刘鹏飞．从验证到创造——中小学 STEM 教育应用模式研究[J]. 中国电化教育，2016(04):71–78.

[9] [美]格兰特·威金斯，杰伊·麦克泰格．追求理解的教学设计[M]. 闫寒冰，宋雪莲，赖平，译．上海：华东师范大学出版社，2017.

[10] 康建朝 . 芬兰：设立国家级数学与科学教育项目 [N]. 中国教育报 ,2018-10-26.

[11] 劳动经济学会就业促进专委会课题组 .STEM 教育与中国社会发展 [J]. 中国经济报告，2021(01)：114-124.

[12] 李函颖 . 美国 STEM 教育的困境与走向——《美国竞争力与创新力》报告述评 [J]. 比较教育研究，2014(05)：53-58.

[13] 李克东，李颖 .STEM 教育与跨学科课程整合 [J]. 教育信息技术，2017(10).

[14] 李学书 .STEAM 跨学科课程：整合理念、模式构建及问题反思 [J]. 全球教育展望， 2019(10)：59-72.

[15] 林崇德 .21 世纪学生发展核心素养研究 [M]. 北京：北京师范大学出版社，2016.

[16] 刘建军 . “探究学习”的两种实践模式辨析 [J]. 上海教育科研，2022(02)：65-70.

[17] [美] 罗伯特·M·卡普拉罗，玛丽·玛格丽特·卡普拉罗，詹姆斯·R·摩根 . 基于项目的 STEM 学习——一种整合科学、技术、工程和数学的新方式 [M]. 王雪华，屈梅，译 . 上海：上海科技教育出版社，2016.

[18] 吕延会 .STEM 教育的核心精神 [J]. 当代教育科学 ,2017(05):16-19.

[19] [美] 玛格丽特 · 赫尼，大卫 · E · 坎特 . 设计 · 制作 · 游戏——培养下一代 STEM 创新者 [M]. 赵中建，张悦颖，译 . 上海：上海科技教育出版社，2015.

[20] 齐美玲，孙云帆 . 美国 STEM 课程的浅析 [J]. 科教导刊，2013(10)：201–202.

[21] 孙天山 . 指向“基于问题的学习 (PBL) ”模式的思考与实践 [J]. 教育理论与实践，2014(26):53–55.

[22] 王宏，刘丽，马池珠 . 指向深度学习的 STEM 教育探究 [J]. 现代教育技术，2020(03):108–113.

[23] 王甲旬，李祖超 . 美国 K–12 STEM 教育及启示 [J]. 外国中小学教育，2017(01):63–69.

[24] 王素 .《2017 年中国 STEM 教育白皮书》解读 [J]. 现代教育，2017(07):4–7.

[25] 吴慧平，陈怡 . 英国 STEM 教师培养的现实困境与应对策略 [J]. 外国中小学教育 ,2019(02):44–50.

[26] 武迪，袁中果 . 基于 STEAM 教育理念的课程整合与创新——以计算机科学为例 [J]. 创新人才教育，2018 (03) ：61–67.

[27] 夏莉颖，钟柏昌 . 试论 STEM 教育的两种取向与四种方法 [J]. 中小学数字化教学，2018(09).

[28] 夏雪梅 . 项目化学习设计：学习素养视角下的国际与本土实践 [M]. 北京：教育科学出版社，2018.

[29] 杨晓萍，杨柳玉，杨雄 . 幼儿园科学教育融入 STEM 教育的核心价值与实施路径 [J]. 天津师范大学学报（基础教育版），2018 (04) ：72–77.

[30] 杨亚平 . 美国、德国与日本中小学 STEM 教育比较研究 [J]. 外国中小学教育，2015(08) ：23–30.

[31] 杨彦军，张佳慧，吴丹 .STEM 素养的内涵及结构框架模型研究 [J]. 电化教育研究，2021(01)：42–49.

[32] 叶兆宁，杨元魁 . 集成式 STEM 教育：破解综合能力培养难题 [J]. 人民教育 ,2015 (17) ：62–66.

[33] 叶兆宁，杨元魁 . 构建 STEM 教育的课程观——STEM 教师专业发展的必由之路 [J]. 人民教育，2018(08)：63–67.

[34] 尹睿，张文朵，何靖瑜 . 设计思维：数字时代教师教学能力发展的新生长点 [J]. 电化教育研究，2018 (08) ：109–113.

[35] 余继，夏欢欢 . 批判性思维和创造性思维测评的理论基础与实践动向——基于国际典型测评工具的述评 [J]. 中国考试，2021(06)：70–77.

[36] 余胜泉，胡翔 .STEM 教育理念与跨学科整合模式 [J]. 开放教育研究，2015 (04) ：13–22.

[37] [美] 约翰 · 斯宾塞，A.J. 朱利安尼 . 如何用设计思维创意教学：风靡全球的创造力培养方法 [M]. 北京：中国青年出版社，2018.

[38] 张雅倩 . 我国学前 STEM 教育的研究现状与反思 [J]. 教育观察 ,2020 (40) :52–54.

[39] 张悦颖，夏雪梅 . 跨学科的项目化学习："4+1" 课程实践手册 [M]. 北京：教育科学出版社，2018.

[40] 赵呈领，赵文君，蒋志辉 . 面向 STEM 教育的 5E 探究式教学模式设计 [J]. 现代教育技术，2018(03)：106–112.

[41] 赵楠，裴新宁 . 问题式学习和项目式学习 [J]. 上海教育，2019(07).

[42] 赵中建,龙玫 . 美国 STEM 学习生态系统的构建 [J]. 教育发展研究，2015(05)：61–66.

[43] 赵中建 . 美国 STEM 教育政策进展 [M]. 上海：上海科技教育出版社，2015.

[44] 郑思晨，等 .STEM+ 课程的系统解读——基于本土化实践的探索 [M]. 上海：上海教育出版社，2018.

[45] 中国教育科学研究院 . 中国 STEM 教育白皮书 [R]. 北京：中国教育科学研究院 ,2017–06–20.

[46] 中国科协创新战略研究院《创新研究报告》第 60 期（总第 392 期）,2020–09–24.

[47] 中华人民共和国教育部 . 义务教育小学科学课程标准 [S/OL].2017(02).

[48] 钟晨音，朱佳扬 . 从跟随者到领跑者：爱尔兰 STEM 教师专业发展模式与实施路径 [J]. 浙江师范大学学报（社会科学版）,2020(06):83–90.

[49] 祝智庭，雒亮 . 从创客运动到创客教育：培植众创文化 [J]. 电化教育研究，2015（07）：5–13.

《STEM 教师能力等级标准（试行）》

中国教育科学研究院 STEM 教育研究中心

2018 年 5 月 8 日

STEM 教师是指从事科学（Science）、技术（Technology）、工程（Engineering）、数学（Mathematics）及相关学科的教育工作，并进行跨学科整合教学的专业人员。为建设高素质 STEM 教育专业队伍，促进我国 STEM 教育有效开展，发挥 STEM 教育扩展与深化学科教育，提供跨学科研究与实践，培养学生高阶思维，以及促进创新型人才培养的作用，解决当前 STEM 专业教师专业发展缺少依据的问题，中国教育科学研究院组织相关专家制定了《STEM 教师能力等级标准（试行）》（以下简称《标准》）。

一、总则

（一）《标准》是规范与引领 STEM 教师在教育教学中有效开展 STEM 教育活动的准则，可作为各学校开展 STEM 教育、STEM 教师培训、STEM 教师评价等工作的重要依据。

（二）《标准》依据《中华人民共和国教师法》，在参考国内外相关政策文件的基础上，结合我国 STEM 教育发展实际，从STEM教育价值理解、STEM学科基础、STEM跨学科理解与实践、STEM课程开发与整合、STEM教学实施与评价等五个维度上对STEM教师提出了明确的要求。其中前三个维度是对STEM教师的职业道德、专业知识、跨学科理解等内在的个人禀赋及素养的评价指标，后两个指标是对STEM教师在课程开发、教学实施、反馈评价、环境创设等相关STEM教育环节的评价指标。《标准》充分体现了对STEM教师德才兼备、知行合一、内外兼修的素质要求。

二、基本理念

STEM教师应具有良好的职业道德，掌握系统的专业知识和专业技能，并在教学实践中不断追求更高的教育教学水平，这是保证STEM教育持续有效开展的基础和前提。

制定科学的符合本国国情的教师专业标准是推动STEM教育发展战略的重要内容，也是国际教师教育改革的一个普遍趋势。

《标准》的制定体现了以下理念：

一是从STEM教育价值理解层面，规定了教师为学生有效学习而应当达到的知识理解水平，即要理解STEM教育、理解学生和理解科学教学；

二是从STEM学科及整合层面，要求教师具备相关学科基础，并具备进行科学探究和指导学生的科学探究的能力，通过跨学科整合 STEM 教育资源，具备解决无法用单一学科或研究领域解决的现实问题；

三是从教学能力层面，要求教师在开发整合相关 STEM 课程的基础上，通过实施教学，促进学生科学及工程学科学习，帮助学生建立科学及工程的思维和素养；

四是从专业发展层面，要求教师不断地进行自我专业发展，通过自我反思和评价，改进教学实践，提升专业化水平。

《标准》不仅充分体现了国际 STEM 教育对从业教师的要求，同时结合中国 STEM 教育实际做了拓展和延伸。对 STEM 教师需要掌握的专业知识和专业技能及实践操作等方面提出了具体而实用的指导意见，能有效促进 STEM 教师队伍的专业化发展，同时也为推进 STEM 师资培训的标准化提供了框架和依据。

三、指标体系

基于国际 STEM 发展经验，结合我国教育发展现状，《标准》建立了包含 5 个维度、14 个类别、35 条内容的 STEM 教师能力指标体系。

维度	类别	内容
一、STEM教育价值理解	(一)STEM教师理解	1. 热爱STEM教育事业，能够从国家人才战略层面认识STEM教育的意义和价值。
		2. 把握STEM教育理念、研究STEM教育规律，通过STEM相关的知识学习、教学实践、反思创新，提升专业化水平，不断增进STEM教育的专业情感、提高师德修养。
	(二)STEM教学理解	3. 从STEM教育的角度提炼、挖掘所任教学科的育人价值。
		4. 理解STEM课程在学校课程体系中的位置，正确处理STEM课程与相关学科、综合实践活动等其他课程之间的关系。
		5. 关注国内外STEM教育理论与实践的最新进展，把STEM专业知识、STEM教育理论、STEM教学规律和STEM教育实践有机结合，把握STEM课程有效实施的原则。
	(三)STEM培养对象理解	6. 明晰学生应具备的STEM素养的内涵及其结构体系，把握STEM教育对促进学生科学素养、创新精神、实践能力等核心素养的独特价值。
		7. 掌握青少年认知规律，尊重学习者的主体性，根据青少年兴趣爱好及个性发展的需要，充分调动和发挥青少年的主动性和创造性，挖掘学生的STEM潜质。

二、STEM 学科基础	（四）科学素养	8. 具备识别科学原理的能力，能够理解科学的事实、概念、规律、定理和理论。
		9. 具有运用科学原理的能力，能够运用对科学的认识和理解去解释或预测观察到的现象。
		10. 具有科学探究的能力，知道系统性培养学生科学素养和科学精神的方法和途径。
		11. 具有运用科学技术的能力，应该知道如何运用科学技术去解决现实问题。
	（五）数学素养	12. 在 STEM 教育中能够有意识引导学生运用数学工具，渗透数学知识，引导学生会用数学的眼光观察世界，会用数学的思维思考世界，会用数学的语言表达世界。
	（六）工程实践	13. 理解工程学科在 STEM 中的价值和地位。
		14. 理解工程思维的复杂性、系统性、目的性及价值性等特点。
		15. 具备将工程思维贯穿应用于 STEM 课程的设计、实施、评价反思过程中的意识和能力。
	（七）技术应用	16. 能将教育技术、信息技术、计算机编程技术等与 STEM 教学内容、目标进行有机融合，根据 STEM 教学情境，选择使用恰当的技术方法。

	（八） STEM+	17. 根据STEM教育的需要，能够了解除了科学、技术、工程、数学以外的其他学科知识图谱。
三、 STEM 跨学科理解与实践	（九） 跨学科 理解与实践	18. 掌握扎实的专业基础，至少精通某一学科知识体系，了解其他学科知识体系，并根据STEM课程的需要，分析其中的相关联系。
		19. 具备能促使学生形成独特的跨越学科界限的知识视野和思维习惯，培养学生树立整体知识观的教育观念。
		20. 能够和其他学科同伴协同创新，把来自两个以上学科的思想和方法结合，解决那些不能用单一学科或研究领域来解决的问题。
		21. 通过对比STEM各学科的性质和目标，建立基于STEM教育的学科知识图谱，形成对中小学科学、技术、数学等相关学科本质的综合性理解。

四、STEM课程开发与整合	（十）STEM 课程开发与整合	22. 熟悉 STEM 教育课程要以学生为中心、聚焦解决真实情境问题的特点。
		23. 理解 STEM 课程的两种模式：基于学科渗透的课程模式和基于学科融合的广域课程模式。
		24. 能够基于 STEM 课程的实施需求和学生的发展需求，挖掘、整合校内外各类 STEM 课程资源，并在具体的教学中，恰当地选择、运用相关资源。
		25. 在开发与整合 STEM 课程过程中，有意识建立能培养学生批判性思维、创造性思维、科学思维、计算思维、工程思维、设计思维、量化思维等思维方式的任务或目标。
	（十一）创设 STEM 教育情境	26. 能够借助前沿技术，利用各种场所，营造适合跨学科学习的 STEM 空间。
		27. 能够根据内容准备 STEM 课程实施的软硬件环境，并能考虑对学生安全防护。

五、STEM教学实施与评价	（十二）实施STEM教学	28. 能围绕一个主题、任务、项目、问题，用跨学科的知识和方法开展STEM实践，培养学生多学科整合与转化能力，引领学生进行多种形式的学科融合的学习活动。
		29. 设计并实施项目式学习的活动，创设有挑战性、开放性、可操作性，基于生产、生活、科研、大赛实际的项目，能通过项目驱动的学习方式培养学生的STEM素养。
		30. 具备发现问题、确定问题、分析问题的能力，创设可以探究的、与学生生活实际相关的问题情境或生活场景，通过问题解决培养学生的STEM素养。
		31. 能够在STEM教学实施过程中整合运用丰富的技术手段或教学方法，注重研究性学习、问题导向学习等学习模式的运用。
	（十三）评价与反馈	32. 能够表达STEM教育设计过程或进行成果展示。
		33. 理解、掌握课程评价、学习评价等评价理论与方法，建立基于信息技术、教育技术等手段的多元化的STEM教育评价机制。
		34. 能够对STEM教育的实施过程及结果进行反馈与指导。
	（十四）反思与提高	35. 能够对STEM课程的开发与实施进行反思与优化，不断完善和改进STEM教学。

四、实施建议

（一）建议各地教育行政部门充分发挥《标准》的引领和导向作用，将 STEM 教师能力提升纳入科学、技术、工程、数学及相关学科教师的培训体系，开展STEM 教师专业能力测评，拓展 STEM 教师专业发展的渠道，切实提升 STEM 教师的专业能力，为推动教育创新，改革人才培养模式，加强创新人才和高技能人才培养奠定坚实基础。

（二）建议有关学校和教师培训机构将《标准》作为 STEM 教师培养、准入、培训、考核等工作的重要依据，整合利用校内外培训资源，完善培养培训方案，创新培养培训模式，加强教师课程资源建设，建立健全 STEM 教师岗位职责和考核评价制度，促进 STEM 教师专业发展。

（三）建议 STEM 教师要将《标准》作为自身专业发展的重要依据，以培养学生的创新精神和实践能力为切入点，以提升学生的核心素养为目标，以学校课程结构调整为着力点，促进科技、工程、艺术、人文、自然和社会等学科的有机融合，更新观念、补充知识、提升技能，不断提高开展 STEM 教学活动的实施能力。不断推动人才培养模式创新和教育教学方式转变，积极推行 STEM 教育在更大范围的普及应用，做教学创新的推动者和终身学习的践行者。

（四）《标准》提出了一些必备的、基础的参考维度。

各维度的内涵，根据 STEM 教育的发展阶段和实际需要会不断细化、优化。不同地区存在差异性，各地区可根据当地教育教学实际进行调整，在《标准》大的框架下，制定符合当地 STEM 教育实际的细则。

跋

梦想不泯 扎实前行

“一年好景君须记，最是橙黄橘绿时。”在日常烦琐的忙碌之中，不知不觉又到了金秋这个收获的季节。

中秋节后的一天，李珂将书稿《STEM教育百问百答》送给我，希望我能为这本书作跋。我认为，无论作序还是作跋，都是件庄重且严肃的事。我虽在多种场合听人谈起STEM教育，略微知晓些，但并不真懂。无奈，李珂盛情相邀，我实在不好意思拒绝，遂自我安慰，这是一次拓宽视野、强制学习的机会，为深入了解STEM教育，更为不负朋友所托。

我悉心研读书稿，时常掩卷沉思。读完书稿，我深深地感受到李珂用力甚勤，用心甚苦，很是欣慰、感动。

李珂于繁忙的工作之余，孜孜于对STEM教育资料的搜集、整理，并编写成书，实属不易。

我与李珂相识数年，因工作结缘。记得他曾在一次闲谈中提及学生时代的理想，一是做记者，二是做老师。因着做记者的梦，他辗转进入新闻出版行业；因着做老师的梦，他在新闻出版行业一直从事与教育相关的工作。有一种情怀叫坚守，他用自己独特的方式守护着自己的梦想，为梦想做着最精彩的诠释。

见微知著。此书应是李珂多年来在教育领域勤奋探索与学术研究的一个见证。李珂在出版行业做出的成绩有目共睹，而从这本书中，我能感受到李珂在推动教育发展方面所葆有的爱心善念和创新担当。

李珂虽不是一个职业的教育工作者，却满怀着对教育的热爱和激情，自觉承担起教育工作者的责任和使命，时刻关注中国教育的发展，紧扣时代的脉搏，为探寻更好的教育路径不遗余力，此书即是最好的证明。

不忘初心，善始善成。祝贺李珂已取得的成绩，殷望书稿继续修订，早日出版，为有幸得遇此书的家长了解 STEM 教育开启方便之门，为有志于 STEM 教育事业的教师架起进阶之梯！

此时，我的眼前又跳跃出李珂谈到 STEM 教育时两眼绽放光彩、如话痨般滔滔不绝、兴奋而激动的样子，仿若又一次被他感染。年过半百的汉子理应举止沉稳，但谈起自己着力推动的 STEM 教育事业，那种投入、那种激情，分明又透着年轻人的冲动和热望。或许，这正是李珂人生的可贵之处。

人生的意义为何？我想，能从事自己热爱的事业，能为社会尽自己的绵薄之力，能让自己的人格不断升华，如此，就好！

李珂的《STEM 教育百问百答》做的是一项推进 STEM 教

育的基础性工作。唯其基础，才更蕴含着希望和期望。在秋日里读到这篇书稿，我想到了庄子在《庄子 · 杂篇 · 庚桑楚》中说的“正得秋而万宝成”。读罢此书，我仿佛看到了中国的 STEM 教育在未来 10 年、20 年后结出的累累硕果……

迟云

（迟云系山东出版集团党委副书记、董事、总编辑、编审）